全彩图解版

STOCK

从零开始

第2版

学炒股

股票入门与实战

马涛 编著

人民邮电出版社

北京

图书在版编目（CIP）数据

从零开始学炒股：股票入门与实战：全彩图解版 /
马涛编著. -- 2版. -- 北京：人民邮电出版社，2022.7
ISBN 978-7-115-59192-0

Ⅰ．①从… Ⅱ．①马… Ⅲ．①股票投资－基本知识
Ⅳ．①F830.91

中国版本图书馆CIP数据核字(2022)第076850号

内 容 提 要

本书零基础、全图解，以通俗易懂的方式详细讲解了用电脑、手机炒股的步骤、方法和技巧，以及进行股票投资基本面分析、K 线分析、移动平均线和成交量分析的方法，同时介绍了使用炒股软件进行实时查看与分析股市信息，掌握股票买卖、风险防范的方法和技巧。

本书共分为12章，具体章节内容包括"炒股入门：读懂股票常识""开始实战：开设股票账户""软件实战：电脑与手机炒股""选股实战：根据多个要素""基本分析：通晓股票涨跌""技术分析：精通股票走势""盘口分析：看好盘把准时机""识底抄底，会卖的不如会买的""识顶逃顶：高处收网落袋为安""顺势而为：善于跟踪主力资金""乘胜追击，股指期货和创业板""风险防范，小心驶得万船"。

本书结构清晰，案例丰富，实战性强，适合刚刚开始网上炒股但实战经验较少的股民、股票投资爱好者以及希望通过牛熊市操盘技巧提高自己稳步盈利能力的投资者，也可以作为大中专院校或者企业的网上炒股教材，同时本书还可以作为证券公司、基金公司等培训、指导客户和与客户沟通时的读本。

◆ 编　著　马　涛
　　责任编辑　刘晓莹
　　责任印制　周昇亮

◆ 人民邮电出版社出版发行　　北京市丰台区成寿寺路 11 号
　　邮编　100164　　电子邮件　315@ptpress.com.cn
　　网址　https://www.ptpress.com.cn
　　临西县阅读时光印刷有限公司印刷

◆ 开本：700×1000　1/16
　　印张：13.5　　　　　　　　　　2022 年 7 月第 2 版
　　字数：256 千字　　　　　　　　2024 年 12 月河北第 17 次印刷

定价：49.80 元

读者服务热线：(010)81055296　印装质量热线：(010)81055316
反盗版热线：(010)81055315
广告经营许可证：京东市监广登字 20170147 号

■ 写作驱动

对于准备涉足股市投资的股民而言，学会如何开户、看盘、掌握电脑和手机炒股的基本方法是一门极其重要的必修课，正确的炒股技巧可以提高股价运行趋势预测的准确性，从而直接影响投资者的投资成败。

为此，笔者通过不断总结和实践，编写了这本《从零开始学炒股：股票入门与实战（全彩图解版）》，本书从实用性的角度出发，将看盘的必备知识与需要掌握的炒股实战应用技巧有机结合，使股民在学习相关方法后能够真正将其运用到实际的股市投资中。

■ 主要特色

【知识精简，结构清晰】

本书精挑细选了股票投资中最实用的方法和技术进行重点讲解，先是入门知识，后是四大实战，再是六大分析，最后是更上一层楼。在描述过程中，尽量以简单、易懂的方式进行描述，并搭配图示讲解，让整个知识结构清晰、简单。

【案例实用，彩色图解】

彩图比黑白图片显示更真实、醒目，让读者对整个分析过程有一个清晰的把握，图文对照，方便阅读。

下面以飞亚达（000026）为例，介绍利用均线通顶的技巧。

步骤① 飞亚达股价依托5日均线经历了大幅上涨的行情，并在2021年4月1日运行到高位，如图9-4所示。

步骤② 4月12日，股价高开低走收大阴线跌破所有短期均线，随后横盘整理，短期均线走势杂乱，如图9-5所示。

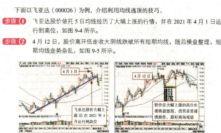

【手机炒股，随时随地】

目前，市场上的股票类图书，大部分的内容都是针对PC版的，关于"手机炒股"的书较少。本书对手机炒股的具体方法进行了深度讲解，帮助读者随时随地掌握股市动态，在线交易。

■ 阅读本书的注意事项

股票投资的技巧和方法数不胜数，本书罗列的技术和方法比较全面，股民不需要全部掌握，可有针对性地挑选几种技术深入学习并不断总结，在实战中进行综合运用即可。需要注意的是，本书中涉及的具体股票，不作投资推荐，仅为知识点补充说明；本书中列举出的具体 App 与机构，不作开户推荐，仅为展示操作步骤。

读者在阅读中还应结合实际情况灵活变通，举一反三，养成勤思考的好习惯，培养良好的归纳总结能力。

■本书定位

（1）适合刚入门和希望进一步提升自己炒股技巧的股民阅读与学习。

（2）适合希望通过牛熊市操盘技巧提高自己稳步盈利能力的投资者决策时参考。

（3）大中专院校或者企业的网上炒股参考书。

（4）作为证券公司、基金公司等培训、指导和与沟通客户时的读本。

编　者

2022 年 1 月

Contents

第1章
炒股入门 读懂股票常识

学前提示

　　如果要问最大的投资市场是什么，恐怕你一定会回答是股市。没错，股市作为目前最大的投资市场，长期以来都占据着人们投资理财最重要的地位。炒股首先要全面而详细地了解各种股票常识，才能稳健入市，迈出实现财富增值的第一步。

要点展示

　　≫　了解：最基本的股票知识
　　≫　弄清：最常见的股市指数
　　≫　心中有数：股票类型与板块划分
　　≫　特别掌握：针对特定股票的术语
　　≫　须知须会：其他重要炒股名称

1.1 了解：最基本的股票知识

俗话说："以投资的眼光计算股票。"炒股可谓是目前最热门的投资方式，在学习投资股票之前，投资者必须对股票的相关知识进行了解，明确股票的概念和种类，了解股票市场、股价指数以及影响股票价格的因素等知识。

1.1.1 什么是股票

图 1-1 是一张 50 元面值的"小飞乐"股票。据悉，这一股通过多年的送配，一股变成了 3183 股，市场价值由 50 元变成最高时的 10.76 万元，回报率高达 2152 倍！

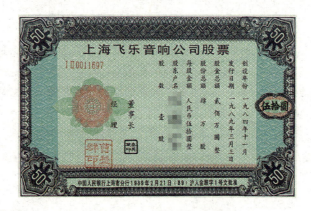

图 1-1　"小飞乐"股票

专家提醒

"小飞乐"股票是飞乐音响公司股票原件，1984 年 12 月开始发行。"小飞乐"每股价值人民币 50 元。它的面额较大，在 20 世纪 80 年代应该也只有家庭殷实的人才有财力购买。

那么，"小飞乐"股票为何拥有如此高的回报率，股票究竟是一种什么东西呢？股票是一种有价证券。我们通常所说的股票指的是普通股，它是在公司的经营管理和盈利以及财产的分配上享有普通权利的股份。从概念上讲，股票是股份有限公司在筹集资本时向出资人发行的股份凭证，代表着其持有者（即股东）对股份公司的所有权。

例如，假设一家股份公司有 100 个股东，每个人出资 10 万元，则每人拥有该公司 1% 的所有权（股权）。股份有限公司经主管机关核准后，印制股票，交于投资者持有，作为代表所有权的凭证，这就是股票的原始意义。

股票一般可以通过买卖方式有偿转让,股东能通过股票转让收回其投资,但不能要求公司返还其出资。股东可以在股票市场上买卖这些股票,就形成了股票在不同投资者手中的流通以及所有人和持有份额的变更。股票像一般的商品一样,有价格,能买卖,可以作为质押品。拥有这些股票的人,都可以成为公司的股东。股东与公司之间的关系不是债权债务关系。股东是公司的所有者,以其出资额为限对公司负有限责任、承担风险、分享收益。

因此,股票是股份公司发给投资者用以证明其在公司的股东权利和投资入股的份额,并据以获得股利收入的有价证券。

1.1.2　股票的类型

股票是由股份公司发行给股东,作为股东投资入股的所有权证书。在我国股票市场中,按照不同的分类方法,股票的分类也各不相同。如果按照红利的分类方式来看,主要可分为图 1-2 所示的几种类型。

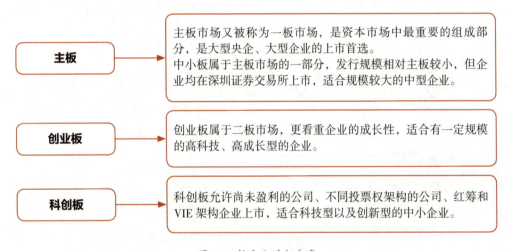

图 1-2　按分配进行分类

除了按分类先后原则对股票进行分类之外,我们在日常生活中还常常听到"A股""B股"等词汇,这实际上是按照股票的发行方式进行分类。具体的类型如图1-3 所示。

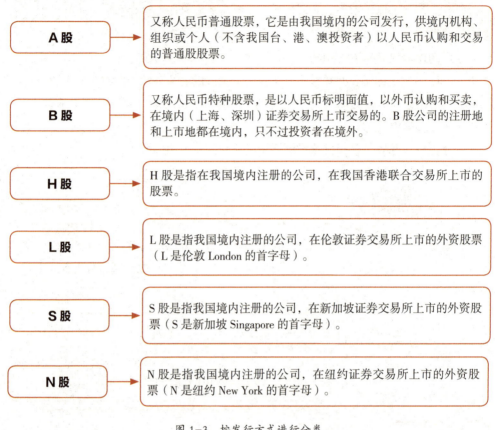

A 股	又称人民币普通股票，它是由我国境内的公司发行，供境内机构、组织或个人（不含我国台、港、澳投资者）以人民币认购和交易的普通股股票。
B 股	又称人民币特种股票，是以人民币标明面值，以外币认购和买卖，在境内（上海、深圳）证券交易所上市交易的。B 股公司的注册地和上市地都在境内，只不过投资者在境外。
H 股	H 股是指在我国境内注册的公司，在我国香港联合交易所上市的股票。
L 股	L 股是指我国境内注册的公司，在伦敦证券交易所上市的外资股票（L 是伦敦 London 的首字母）。
S 股	S 股是指我国境内注册的公司，在新加坡证券交易所上市的外资股票（S 是新加坡 Singapore 的首字母）。
N 股	N 股是指我国境内注册的公司，在纽约证券交易所上市的外资股票（N 是纽约 New York 的首字母）。

图 1-3　按发行方式进行分类

按享受投票权益可分为单权、多权及无权 3 种。

（1）单权股票：指每张股票仅有一份表决权的股票。

（2）多权股票：指每张股票享有多份表决权的股票。

（3）无权股票：指没有表决权的股票。

1.1.3 股票上市条件

股票上市是指已经发行的股票经证券交易所批准后，在交易所公开挂牌交易的法律行为，股票上市，是连接股票发行和股票交易的"桥梁"。《中华人民共和国证券法》第五十条规定，股份有限公司申请股票上市，应当符合下列条件，具体如图 1-4 所示。

股票经国务院证券监督管理机构核准已公开发行。

公司股本总额不少于人民币三千万元。

公开发行的股份达到公司股份总数的百分之二十五以上；公司股本总额超过人民币四亿元的，公开发行股份的比例为百分之十以上。

股票上市条件

公司最近三年无重大违法行为，财务会计报告无虚假记载。

证券交易所可以规定高于前款规定的上市条件，并报国务院证券监督管理机构批准。

图 1-4　股票上市条件

专家提醒

股票终止上市的条件如下。

（1）公司股本总额、股权分布等发生变化，不再具备上市条件，在证券交易所规定的期限内仍不能达到上市条件。

（2）公司不按照规定公开其财务状况，或者对财务会计报告作虚假记载，且拒绝纠正。

（3）公司最近 3 年连续亏损，在其后一个年度内未能恢复盈利。

（4）公司解散或者被宣告破产。

（5）证券交易所上市规则规定的其他情形。

1.1.4 股票的发行方式

　　股票在上市发行前，上市公司与股票的代理发行证券商签订代理发行合同，确定股票发行的方式，明确各方的责任。股票代理发行的方式按发行承担的风险不同，一般分为包销发行方式和代销发行方式两种，如图 1-5 所示。

　　通过股票上市的包销发行方式，虽然上市公司能够在短期内筹集到大量资金，以应付资金方面的急需，但一般包销出去的证券，证券承销商都只按股票的一级发行价或更低的价格收购，从而不免使上市公司丧失了部分应有的收益。

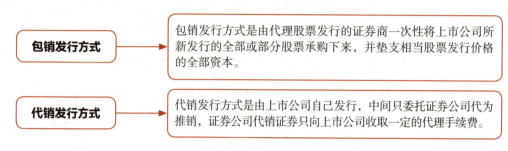

图 1-5　股票的发行方式

专家提醒

　　由于金融机构一般都有较雄厚的资金，可以预先垫支，以满足上市公司急需大量资金的需要，所以上市公司一般都愿意将其新发行的股票一次性转让给证券商包销。如果上市公司股票发行的数量太大，一家证券公司包销有困难，还可以由几家证券公司联合起来包销。

1.1.5　股市中常用的术语

　　投资股票是一门高深的学问，要想充分认识它，就需要对它特有的术语非常熟悉，表1-1列举了一些常用的股票术语。

表 1-1　股市中常用的术语

术语	含义
价位	指买卖价格的升降单位，价位的高低随股票每股市价的不同而异
成交价	成交价是股票的成交价格，它是按以下原则确立的 （1）最高的买入申报与最低的卖出申报相同 （2）在连续竞价状态，高于卖出价位的买入申报以卖出价成交 （3）低于买入价的卖出申报以买入价位成交
行情	价位或股价的走势
日开盘价	指当日开盘后某只股票的第一笔交易成交的价格
日收盘价	深市指当日某只股票的最后一笔成交价格 沪市指最后成交的一分钟内加权平均价格
日最高价	指当天某只股票成交价格中的最高价格
日最低价	指当天某只股票成交价格中的最低价格
涨跌	当日股票价格与前一日收盘价格（或前一日收盘指数）相比的百分比幅度，正值为涨，负值为跌，不涨不跌则为持平

术语	含义
涨停板	交易所规定的股价在一天中相对前一日收盘价的最大涨幅，不能超过此限，否则自动停止交易，我国现规定涨停升幅（T类股票除外）为10%
跌停板	交易所规定的股价在一天中相对前一日收盘价的最大跌幅，不能超过此限，否则自动停止交易，我国现规定跌停降幅（T类股票除外）为10%
高开	今日开盘价在昨日收盘价之上
平开	今日开盘价与昨日收盘价持平
低开	今日开盘价在昨日收盘价之下
买盘	以比市价高的价格进行委托买入，并已经"主动成交"，代表外盘
卖盘	以比市价低的价格进行委托卖出，并已经"主动成交"，代表内盘
崩盘	由于一些对股市不利的因素，导致投资者不计成本地大量抛售股票，使股价无限制地下降的现象
护盘	当股市行情低落、股价下滑时，投资大户采取大量购买股票的行为来刺激散户，促使市场回暖的现象
震盘	指股价在一天之内忽高忽低，出现大幅波动的现象
扫盘	主力不计成本，将卖盘中的挂单全部"吃掉"的行为
红盘	当前交易日的收盘价格高于上一交易日的收盘价，表示股价上涨的现象
成交数量	指当天成交的股票数量
成交笔数	指某只股票成交的次数
日成交额	指当天已成交股票的金额总数
零股交易	不到一个成交单位（1手=100股）的股票，如1股、10股，称为零股。在卖出股票时，可以用零股进行委托；但买进股票时不能以零股进行委托，最小单位是1手，即100股
委比	委比是衡量一段时间内场内买、卖盘强弱的技术指标。它的计算公式为：委比=（委买手数－委卖手数）÷（委买手数＋委卖手数）×100%。若"委比"为正值，说明场内买盘较强，反之，则说明市道较弱
委差	当前交易主机已经接受但还未成交的买入委托总手数与卖出委托总手数的差
换手率	换手率是指在一定时间内市场中股票转手买卖的频率，是反映股票流通性的指标之一。它的计算公式为：换手率=（某一段时间内的成交量÷流通股数）×100%
跳空	指受强烈利多或利空消息刺激，股价开始大幅度跳动。跳空通常在股价大变动的开始或结束前出现
涨幅	现价与上一交易日收盘价的差除以上一交易日的收盘价的百分比，值在±10%左右

1.2 弄清：最常见的股市指数

近年来，股市投资已成为人们投资理财的一个常用手段，而弄清最常见的股市指数是在股市中赚钱的一门重要课程，本节将介绍新手炒股入门所需要掌握的必备基础知识。

1.2.1 什么是股票指数

股价指数是运用统计学中的指数方法编制而成的，是反映股市总体价格或某类股价变动和走势的指标。

股价指数也称股票价格指数，是动态地反映某个时期股市总价格水平的一种相对指标。具体来说，就是以某一个基期的总价格水平为 100，用各个时期的股票总价格水平相比得出的一个相对数，即各个时期的股票价格指数。股票价格指数一般是用百分比表示的，简称"点"。

从本质上看股票指数即股价平均数，但是在计算股票指数时，通常会把股票指数和股价平均数分开计算。因为股价平均数以算术平均数表示，反映的是多种股票价格变动的一般水平。股票指数则是一个相对指标，反映不同时期的股价变动情况，所以在一个较长的时期中，股票指数比股价平均数更能精确地反映股价的变动和走势。股价指数的计算有算术平均法和加权平均法两种，如图 1-6 所示。

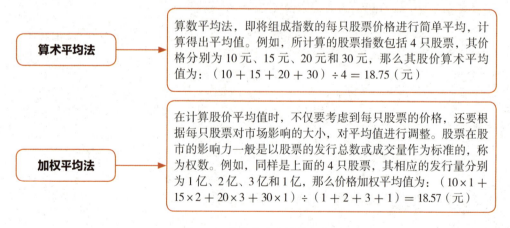

图 1-6　股价指数的计算方法

但在实践中，上市公司经常会增、拆股和派息等，使股票价格产生除权、除息效应，失去连续性，不能进行直接比较。因此，在计算股价指数时也要考虑到这些因素的变化，及时对指数进行校正，以免股价指数失真。

1.2.2　上证指数是什么

　　上证股票指数是由上海证券交易所编制的股票指数，于 1990 年 12 月 19 日正式发布。该股票指数的样本为所有在上海证券交易所挂牌上市的股票，新上市的股票将在挂牌的第二天纳入股票指数的计算范围，如图 1-7 所示。

　　因上证指数是以各上市公司的总股本为加权计算出来的，故盘子大的股票比较能左右上证指数的走势，如马钢股份、中国石化等。股票指数的发布几乎和股市行情的变化是同步的，它是我国股民和证券从业人员研究和判断股票价格变化趋势时重要的参考依据。

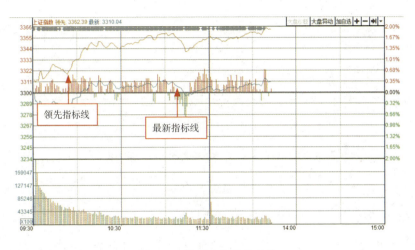

图 1-7　查看上证指数行情

专家提醒

　　领先指标线（通常表现为黄色线或褐色线）在分时图中代表的是市场的短线情绪和小盘股的整体走势。领先指标线并不直接反映当前的指数数值，而是根据股票的涨跌幅与市值的关系（不考虑市值大小，直接以算术平均或类似方式计算）得出的一个走势线。因此，领先指标线更多地是预测市场未来的走势，当领先指标线持续处于高位时，可能意味着市场可能会继续上涨。

　　最新指标线（通常表现为白色线或蓝色线）则直接反映了当前时刻的指数数值，它是根据市场实时交易情况计算得出的，数值随时变化，能够实时反映市场的瞬时状态。最新指标线通常被用来判断股票的涨跌情况和市场的波动情况。

1.2.3 深证指数是什么

深圳综合股票指数是由深圳证券交易所编制的股票指数，如图1-8所示。该股票指数的计算方法基本与上证指数相同，其样本为所有在深圳证券交易所挂牌上市的股票，权数为股票的总股数。

目前，深圳证券交易所并存着两个股票指数：一个是老指数深圳综合指数，另一个是现在的成分股指数，两个指数之间的区别并不大。

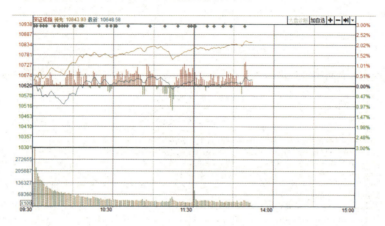

图1-8　查看深证指数行情

专家提醒

深证成指（或深成指）全称深圳证券交易所成分股价指数，是中国证券市场最为人熟知的指数之一，也是我国的第一支成分股指数。该指数由深交所于1995年1月23日发布，精选深市A股中有市场代表性的40家上市公司为样本，以流通股本为权数，通过加权平均法计算得出，具有良好的市场代表性、流动性与蓝筹特征。

1.2.4 中证指数是什么

中证指数有限公司成立于2005年8月25日，它是由上海证券交易所和深圳证券交易所共同出资发起设立的一家专业从事证券指数及指数衍生产品开发服务的公司。

1. 沪深300指数

沪深300指数是沪、深证券交易所于2005年4月8日联合发布的反映A股市场整体趋势的指数，如图1-9所示。

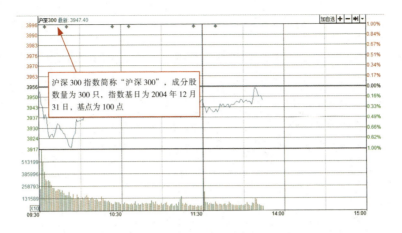

图 1-9　查看沪深 300 指数行情

沪深 300 指数的编制目标是反映中国证券市场股票价格变动的概貌和运行状况，并能够作为投资业绩的评价标准，为指数化投资和指数衍生产品创新提供基础条件。中证指数有限公司成立后，沪、深证券交易所将沪深 300 指数的经营管理及相关权益转移至中证指数有限公司。

2. 中证规模指数

中证规模指数包括中证 100 指数、中证 200 指数、中证 500 指数、中证 700 指数、中证 800 指数和中证流通指数。这些指数与沪深 300 指数共同构成中证规模指数体系，如图 1-10 所示。中证规模指数的计算方法、修正方法、调整方法与沪深 300 指数相同。

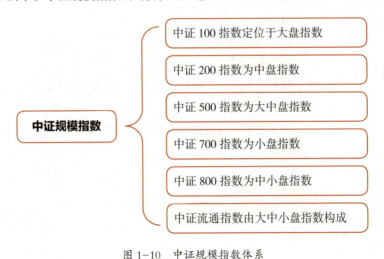

图 1-10　中证规模指数体系

1.2.5 纳斯达克指数是什么

纳斯达克综合指数是反映纳斯达克证券市场行情变化的股票价格平均指数，基本指数为100，如图1-11所示。纳斯达克（简称NASDAQ，National Association of Securities Dealers Automated Quotations）是美国全国证券交易商协会于1971年创建的自动报价系统名称的英文简称。纳斯达克的特点是收集和发布场外交易非上市股票的证券商报价，它现已成为全球最大的证券交易市场。

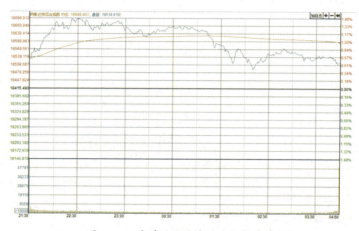

图1-11　查看纳斯达克综合指数行情

纳斯达克综合指数包括5000多家公司，超过其他任何单一证券市场，是代表各工业门类的市场价值变化的"晴雨表"。正因为它有如此广泛的基础，所以纳斯达克指数已成为最有影响力的证券市场指数之一。

1.3　心中有数：股票类型与板块划分

随着新股不断发行上市，股票市场规模将不断壮大，股票数量也越来越多。因此，合理地将数量众多的股票划分成不同的板块，有着重要的意义。

1.3.1 认识股票的板块划分

目前的上市公司多如牛毛，证监会和证券交易所会对其进行划分归类，按照行业划分便是其中一种归类方法。

股票板块划分的依据主要有5种，即区域、行业、业绩、股本规模、概念，如图1-12所示。不过，板块的划分标准不是一成不变的，一家上市公司可以同时属于多个不同的板块，因而具备了多重身份。

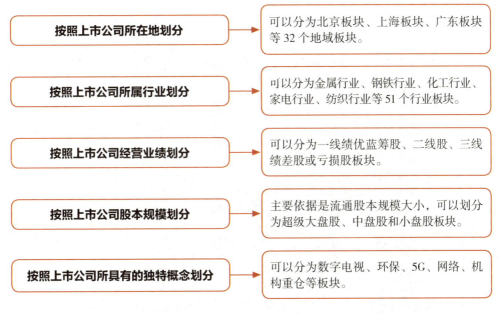

按照上市公司所在地划分	可以分为北京板块、上海板块、广东板块等32个地域板块。
按照上市公司所属行业划分	可以分为金属行业、钢铁行业、化工行业、家电行业、纺织行业等51个行业板块。
按照上市公司经营业绩划分	可以分为一线绩优蓝筹股、二线股、三线绩差股或亏损股板块。
按照上市公司股本规模划分	主要依据是流通股本规模大小，可以划分为超级大盘股、中盘股和小盘股板块。
按照上市公司所具有的独特概念划分	可以分为数字电视、环保、5G、网络、机构重仓等板块。

图1-12　股票板块划分

对于投资者而言，通过行业划分可以明确地知道一个上市公司的主要业务，对于其在选择股票和投资领域时有重要的帮助，是其做出初步判断——是否买进一只个股的重要依据，尤其对于基本面投资者来说，更是如此。

专家提醒

例如，北京巴士（600386）按所在地划分属于北京板块，按公司所属行业划分属于交通运输板块，按股本规模划分属于中盘股（流通盘8000万股），而按照概念划分又属于申奥概念板块。但上述各板块出现联动行情的时候，北京巴士也有可能产生联动。

1.3.2 什么是ST股

ST股是股市中很常见的一种股票，我们在新入股市时会发现这种股票很显眼，因为前面冠了英文字母的除了N就是ST了，而且有的还有前缀星号，因此我们新入市时必然存有疑问：什么是ST股？

ST是英文Special Treatment的缩写，意即"特别处理"。冠名ST的对象是出现财务状况或其他异常状况的上市公司。简而言之，ST 股就是由于某些事件而导致风险警示提示的股票，ST 前缀实际上是一种风险提示，一般被加上 ST 的股票无非是因为财务和违规操作等问题，如图 1-13 所示。

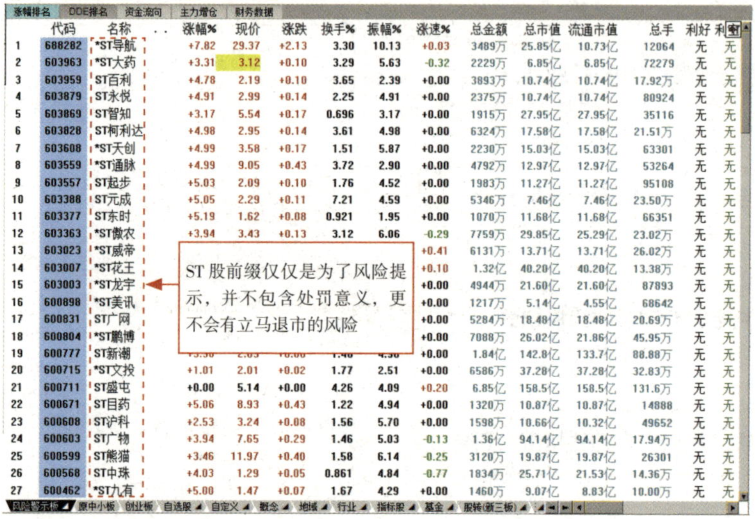

图 1-13 ST 前缀

ST 股票日涨跌幅限制为 5%。需要指出的是，"特别处理"并不是对上市公司的处罚，而只是对上市公司目前所处状况的一种客观提示，其目的在于向投资者提示市场风险，引导投资者进行理性投资，如果公司异常状况消除，可以恢复正常交易，取消 ST 冠名。

专家提醒

ST 股可以被加前缀，自然也可以去掉"恶名"，去 ST 前缀的过程一般称之为"摘帽"。ST 股"摘帽"一般只需要消除风险警示的原因，同时没有出现其他风险警示原因即可。

1.3.3 什么是大盘股

大盘股（large-cap share）没有统一的标准，一般约定俗成指股本比较大的股票，总股本都在几十亿股以上。大盘股的好处在于抗跌性强，主力操作的可能性小，可作为防守或长线价值投资的首选。

像中国石化、中国石油、中国神华等有十几亿甚至几十亿流通盘的股票叫超级大盘股，如图 1-14 所示。

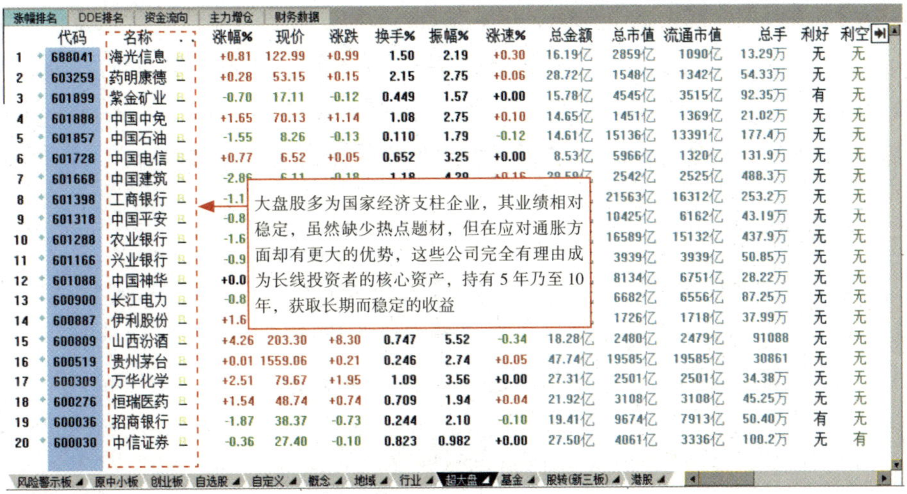

图 1-14　大盘股

就市盈率而言，相同业绩的个股，小盘股的市盈率比中盘股高，中盘股要比大盘股高。特别在市场疲软时，小盘股机会较多。在牛市时大盘股和中盘股较适合大资金进出，因此比较看好盘子大的个股，由于流通盘大，对指数影响大，往往成为市场调控指数的工具。投资者选择个股，一般熊市应选小盘股和中小盘股，牛市应选大盘股和中大盘股。

专家提醒

大盘股的投资技巧如下。

（1）买入技巧。投资大盘股也不是说所有的股票都值得买入。其中，形态很重要，一定要选择股价处于底部，或者涨幅远远小于股指，同时已经完成了底部吸筹，即将进入上涨阶段的股票。

（2）卖出技巧。当其股价上涨到一定程度，而各路股评又纷纷推荐的时候，这就到了卖出的时机。另外，在大盘股的上涨过程中很少出现连续涨停的情况，往往是一段时间里累计涨幅给投资者带来丰厚的收益。所以，持有大盘股也不能心急，稳健，是大盘股的最大优势。

1.3.4　什么是龙头股

龙头股指的是某一时期在股票市场中对同行业板块的其他股票具有影响和号召力的股票，它的涨跌往往对其他同行业板块股票的涨跌起引导和示范作用。龙头股并不是一成不变的，它的地位往往只能维持一段时间。

要投资龙头股，首先必须发现龙头股。股市行情启动后，不论是一轮大牛市行情，还是一轮中级反弹行情，总会有几只个股起着呼风唤雨的作用，引领大盘指数逐级走高。龙头股的走势往往具有"先于大盘企稳，先于大盘启动，先于大盘放量"的特性。因此，无论是短线还是中长线投资，如果投资者能适时抓住龙头股，就可能获得不错的收益。

专家提醒

例如，"格力电器"之所以能占据龙头地位，因为其在家电行业具有领先地位；"深发展"（改名为"平安银行"）是第一家上市商业银行；"东方明珠""电广传媒"具有有线网络的优先地位；而"综艺股份"和"上海梅林"具有实实在在的网站。因此，确认某股能否成为龙头股，一定要判断该股在其所属的行业或区域里是否具有一定的影响力。[①]

1.3.5 什么是概念股

概念股是指具有某种特别内涵的股票，与业绩股是相对的。概念股只需要有热点话题，而不需要业绩去支撑，即有相同话题的股票就可以选入同一概念，如图1-15所示。

图1-15　概念股

如图1-16所示，为"电力物联网"相关的概念股列表，是一种以依靠该话题的同类型股票列入选股标的的组合。

---

① 全书举个股案例仅为补充说明作者的观点，不具有任何推荐意义。——编者注

图 1-16　"电力物联网"相关的概念股

1.4　特别掌握：针对特定股票的术语

所谓股票术语就是在股市用来表达各种关系的特殊语言，股票术语广泛流通于股票交易和市场分析中。前面介绍了一些基本股票术语，本节将重点介绍一些针对特定股票的术语，帮助投资者抓住炒股关键词。

1.4.1　市盈率

市盈率（Price Earnings Multiple，即 P/E ratio）又称股份收益比率或本益比，是股票市价与其每股收益的比值，计算公式为：市盈率 = 当前每股市场价格 ÷ 每股税后利润。目前，几家大的证券报刊在每日股市行情报表中都附有市盈率指标，如图 1-17 所示。

动态市盈率是指还没有真正实现的下一年度的预测利润的市盈率。动态市盈率和市盈率是全球资本市场通用的投资参考指标，用以衡量某一阶段资本市场的投资价值和风险程度，也是资本市场之间用来相互参考与借鉴的重要依据。

如果说购买股票纯粹是为了获取红利，而公司的业绩一直保持不变，则股利的收入与利息收入具有同样意义，对于投资者来说，是把钱存入银行，还是购买股票，首先取决于谁的投资收益率高。因此，当股票市盈率低于银行利率折算出的标准市盈率，资金就更可能用于购买股票，反之，则资金流向银行存款，这就是最简单、直观的市盈率定价分析。

总手	利好	利空	主力净量	市盈(动)	TTM市盈率	市净率	现手
17.76万	无	无	-0.15	1392	亏损	3.45	2 ↓
57.52万	无	无	-0.15	414.3	亏损	3.57	200 ↑
135.3万	无	无	-1.64	344.7	288.6	14.81	220 ↓
15.07万	无	无	-0.13	312.0	300.3	1.93	34 ↑
29715	无	无	0.29	290.5	126.2	1.92	3 ↑
63.66万	无	无	-0.36	245.2	亏损	3.32	234 ↓
20.17万	无	无	0.07	161.1	亏损	3.89	13 ↑
24546	无	无	-0.45	157.0	30.75	1.65	3 ↑
96303	无	无	-0.54	151.3	109.3	6.22	1 ↓
93185	无	无	-1.82	139.8	27.41	2.21	67 ↑
40.65万	无	无	-0.06	118.1	101.8	7.19	5 ↓
147.3万	无	无	-0.00	108.6	159.2	3.92	1560 ↑

图 1-17　动态市盈率

1.4.2 市净率

市净率（Price-to-Book Ratio，简称 P/B 或 PBR）指的是每股股价与每股净资产的比率，也是股票投资分析中的重要指标之一，如图 1-18 所示。市净率的计算方法为：市净率 =（P÷BV），即每股市价（P）÷ 每股净资产（Book Value）。

总手	利好	利空	主力净量	市盈(动)	TTM市盈率	市净率	现手
19.57万	无	无	-0.06	亏损	亏损	18.46	25 ↑
135.8万	无	无	-1.64	345.0	288.7	14.82	191 ↑
78568	无	无	-0.03	79.47	91.05	11.05	4 ↑
37.42万	无	无	0.18	亏损	亏损	8.72	150 ↓
51.19万	无	无	-0.63	83.97	79.87	7.70	6 ↓
40.78万	无	无	-0.06	117.9	101.8	7.19	35 ↓
18080	无	无	0.01			4.37	2 ↑
96314	无	无	-0.54		09.7	6.24	10 ↑
24.70万	无	无	-0.26		亏损	5.31	218 ↑
30727	无	无	0.33	69.66	76.28	5.21	5 ↑
11.11万	无	无	-0.06	29.97	31.31	5.06	3 ↓
20.79万	无	无	-0.01	39.55	28.99	4.72	243 ↓

> 市净率指的是市价与每股净资产之间的比值，比值越低意味着风险越低

图 1-18　市净率

对于投资者来说，按照市净率选股标准，市净率越低的股票，其风险系数越少一些。但在判断投资价值时还要考虑当时的市场环境以及公司经营情况、盈利能力等因素。尤其在熊市中，市净率更成为投资者们较为青睐的选股指标之一，原因就在于市净率能够体现股价的安全边际。

　　股票净值主要包括公司资本金、资本公积金、资本公益金、法定公积金、任意公积金、未分配盈余等项目的合计，它代表全体股东共同享有的权益，也称净资产。净资产的多少是由股份公司经营状况决定的，股份公司的经营业绩越好，其资产增值越快，股票净值就越高，因此股东所拥有的权益也就越多。

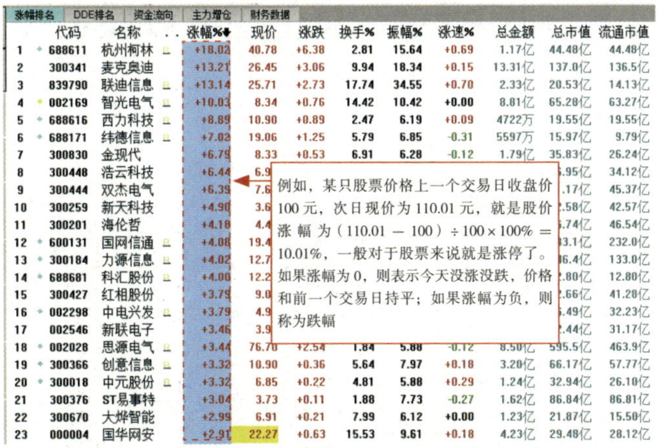

1.4.3 涨幅

　　涨幅就是指目前这只股票的上涨幅度，如图 1-19 所示。涨幅的计算公式为：涨幅=（现价－上一个交易日收盘价）÷上一个交易日收盘价×100%。

例如，某只股票价格上一个交易日收盘价100 元，次日现价为110.01 元，就是股价涨幅为（110.01 － 100）÷100×100% =10.01%，一般对于股票来说就是涨停了。如果涨幅为 0，则表示今天没涨没跌，价格和前一个交易日持平；如果涨幅为负，则称为跌幅。

图 1-19　股票涨幅

1.4.4 振幅

　　股票振幅就是股票开盘后的当日最高价和最低价之间的差的绝对值与前日收盘价的百分比，它在一定程度上表现股票的活跃程度，如图 1-20 所示。

　　股票振幅的数据分析，对考察股票有较大的帮助，是反映市场活跃程度的指标。个股振幅越大，说明主力资金介入的程度就越深，反之，就越小。但也不能一概而论，要结合具体的股票价格波动区间进行分析。如果在相对历史低位，出现振幅较大的市场现象，说明可能有主力资金在介入；反之，在相对历史高位出现上述现象，通常预示有机构主力资金在出逃。

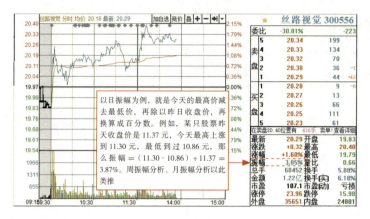

图 1-20　股票振幅

1.5　须知须会：其他重要炒股名称

在认识了相应的股票和股票术语知识后，投资者需要对相关的股市名词进行相应的了解。

1.5.1 多方和空方

多方、空方是股市里的一个常用术语，如图 1-21 所示。

图 1-21　多方和空方的区别

在股票市场上，或者是在别的证券市场上，有多头和空头之分：所谓的多头，是指投资者看好市场的走向为上涨，于是先买入，再卖出，以赚取利润或者差价；所谓的空头是指投资者看到未来市场的走向为下降，所以就抛出手中的证券，然后再伺机买入。其中，买入的叫多方，卖空的叫空方。

专家提醒

卖空也有当天平仓和持续平仓之分。当天平仓，是指对当天买入或者是以前具有的进行平仓（这里对"卖空"的解释不指具体市场，理论上是可以进行当天平仓的，如我国香港股市实行的就是 T＋0 交易模式，可以当天买进卖出）；而持续平仓是指对当天买入的或者是以前就有的不平仓，持续拥有。

1.5.2　送配股

送配股包括送股和配股两个意思，两者都会给原股东带来股票数量的增加，如图1-22 所示。

图 1-22　送配股

上市公司向股东配股时，应符合以下几个条件：

· 配售的股票限于普通股，配售的对象为股权登记日登记在册的公司全体股东。

· 本次配售的股份总数不超过原有资本金的 30%。

· 配售发行价格不低于本次配股前最新公布的公司财务报告中每股净资产值。

1.5.3　分红

分红是股份公司在盈利时每年按股票份额的一定比例支付给投资者的红利，是上市公司对股东的投资回报。

投资者购买一家上市公司的股票，对该公司进行投资，同时享受公司分红的权利。一般来说，上市公司分红主要有两种形式：向股东派发现金股利和股票股利。上市公司可根据情况选择其中一种形式进行分红，也可以两种形式同时使用。

（1）现金股利：指以现金形式向股东发放股利，称为派股息或派息。

（2）股票股利：指上市公司向股东分发股票，红利以股票的形式出现，又称为送红股或送股。

（3）转增股本：投资者还经常会遇到上市公司转增股本的情况。转增股本是指公司将资本公积金转化为股本，转增股本并没有改变股东的权益，但却增加了股本规模，因而客观结果与送红股相似。通俗地讲，就是用资本公积金向股东转送股票。

专家提醒

转增股本与分红有所区别，分红是将未分配利润，在扣除公积金等费用项后向股东发放，是股东收益的一种方式；而转增股本是上市公司的一种送股形式，它是从公积金中提取的，将上市公司历年滚存的利润及溢价发行新股的收益通过送股的形式加以实现。不过，在实际操作中，送红股与转增股本的效果是大体相同的。

1.5.4 除权除息

上市公司以股票股利分配给股东，也就是公司的盈余转为增资或进行配股时，就要对股价进行除权；上市公司将盈余以现金分配给股东时，股价就要除息。除权除息日购入该公司股票的股东，则不可以享有本次分红派息或配股。

当一家上市公司宣布送股或配股时，在红股尚未分配，配股尚未实行之前，该股票被称为含权股票。要办理除权手续的股份公司先要报主管机关核定，在准予除权后，该公司即可确定股权登记基准日和除权基准日。凡在股权登记日拥有该股票的股东，就享有领取或认购股权的权利，即可参加分红或配股。

实际上，除权、除息的目的就是调整上市公司每股股票对应的价值，方便投资者对股价进行对比分析。如果不进行除权、除息处理，上市公司股价就会表现为较大幅度的波动。

第2章
开始实战 开设股票账户

学前提示

　　股票账户是指投资者在券商处开设的进行股票交易的账户。作为一个新入市的投资者，在进入股市进行证券交易之前，必须首先开立股票账户，有了这个"通行证"，才能进行证券买卖操作。开立股票账户是投资者进入股市进行操作的先决条件。

要点展示

　　≫　了解：炒股入市交易的流程
　　≫　选择：适合自己的证券公司
　　≫　实战：带齐资料开户去
　　≫　退路：不想炒股了怎么办

2.1 了解：炒股入市交易的流程

俗话说："不要懵懵懂懂地随意买股票，要在投资前扎实地做一些功课，才能成功。"在了解了股票的基本知识后，投资者还必须明确如何进行炒股、需要注意的具体事项以及各种交易操作等，只有做足了准备，才能稳步前进。

2.1.1 炒股基本流程

对于在知识、信息、设备和资金等各方面都处于劣势的中小投资者来说，不可能花费太多时间和精力钻研股市理论和行情，所以有不少股民是在对股票知之甚少，甚至一无所知的情况下入市的，这使他们面临着很大的风险。

因此，炒股首先要全面而详细地认识各种股票，了解上市公司，掌握股市行情，眼观六路，耳听八方，慎重交易。其中，最重要的一点就是要熟知股票交易流程，如图 2-1 所示。

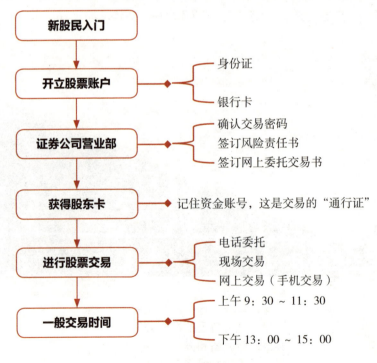

图 2-1　股票交易流程

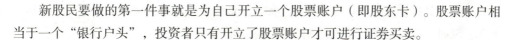

新股民要做的第一件事就是为自己开立一个股票账户（即股东卡）。股票账户相当于一个"银行户头"，投资者只有开立了股票账户才可进行证券买卖。

总之，成功需要正确的方法，炒股更是一门高深的学问，如果认为随随便便买卖股票就可以赚钱，贸然入市，那一定会损失惨重的。笔者建议，投资者一定要牢记炒股的交易流程，积累一定的股票知识和操作经验，才有可能获得投资成功。

2.1.2 开户基本流程

开户也称为开设账户，投资者可以在券商柜台或网上办理。国内有众多的券商，如海通证券、中信证券、宏源证券、光大证券、兴业证券等，投资者可以择优选取一家进行开户。股票开户流程如图 2-2 所示。

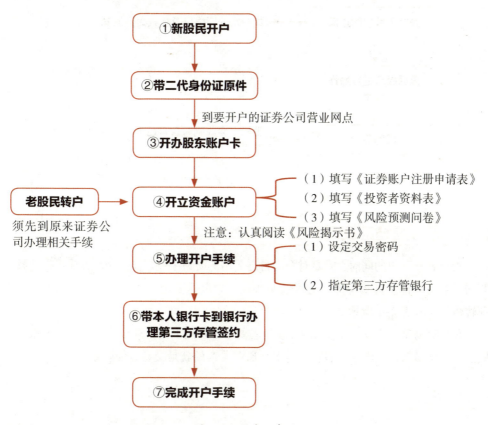

图 2-2　开户 7 步通

另外，投资者也可以选择通过手机开户炒股，相关流程如图 2-3 所示。

当前，如要买卖在上海、深圳两地上市的股票，投资者需分别开设上海证券交易所股票账户和深圳证券交易所股票账户，开设上海、深圳 A 股股票账户必须到证券登记公司或由其授权的开户代理点办理。如北京证券登记有限公司是北京地区股民办理上海、深圳 A 股股票账户开户业务的唯一法定机构。

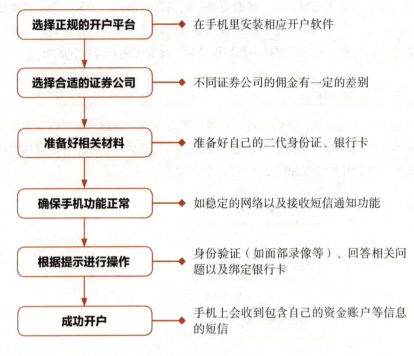

图 2-3　手机炒股开户流程

2.1.3　选择合适的交易类型

投资者在开户的同时，需要对今后自己采用的交易手段、资金存取方式进行选择，并与证券营业部签订相应的开通手续及协议，如电话委托、网上交易、手机炒股、银证转账等，如表 2-1 所示。

现在交易基本都是网上交易了，投资者要考虑除网上交易外是否有网上咨询服务、股票手机交易软件、电话语音报单等其他服务，为的就是交易方便顺畅。

表 2-1　股票交易类型

类型	说明
手机炒股	基于移动通信网的数据传输功能来实现用手机进行信息查询和下达委托命令，让一个普通手机成为综合性的处理终端
网上交易	网上委托通过互联网下达委托命令，以便快速完成操作
电话委托	电话委托不需要委托人亲自到证券营业厅，只需拨通营业部的委托电话，然后根据电话提示，通过电话上的数字键来完成相关操作即可
银证转账	在银行与券商联网的基础上，投资者直接利用在银行各网点开立的活期储蓄存款账户卡、存折作为证券保证金账户，通过银行的委托系统（如电话银行、银行柜台系统、银行网上交易系统、手机银行），或通过证券商的委托系统（电话委托、自助键盘委托、网上委托、用户呼叫中心等）进行证券买卖的一种新型金融服务业务
柜台委托	柜台委托是最原始的委托方式，由于委托人需要填写委托单，所以也称填单委托，委托时必须出示相关证件，操作起来比较麻烦
传真委托	传真委托以传真的方式，将确定的委托内容与要求传真给证券商，委托他们代理买卖股票交易

2.2　选择：适合自己的证券公司

很多刚接触股市的投资者也许都有这样的疑惑，选择什么样的证券公司到底重要不重要，应该选择什么样的证券公司。选择一个适合自己的证券公司对一个新手来说还是很重要的，毕竟在现代社会生活节奏较快的情况下，在开户之前做好准备工作，一次办好，也避免日后转户销户的麻烦。

2.2.1　证券交易市场

证券交易市场也称证券流通市场、二级市场、次级市场，是指对已经发行的证券进行买卖、转让和流通的市场。在二级市场上销售证券的收入属于出售证券的投资者，而不属于发行该证券的公司。

1. 中国股票市场

中国证券市场主要有上海证券交易所、深圳证券交易所、北京证券交易所、香港交易所和台湾证券交易所。其中，最具代表性的即上海证券交易所，成立于 1990 年 11 月 26 日，同年 12 月 19 日开业，为不以盈利为目的的法人，归属中国证监会直接管理。

2. 纽约股票市场

纽约证券交易所是纽约资本市场的一个重要组成部分。在美国，有 10 多家证券交易所按证券交易法注册，被列为全国性的交易所。其中，纽约证券交易所、NASDAQ 和美国证券交易所最大，它们都设在纽约。

纽约证券交易所（New York Stock Exchange，NYSE）位于百老汇街，可以说是世界经济的神经中枢。纽约证券交易所是上市公司总市值第一、IPO 数量及市值第一、交易量第二的交易所。在 2005 年 4 月末，NYSE 收购全电子证券交易所（Archipelago），成为一个盈利性机构。在二百多年的发展过程中，纽约证券交易所为美国经济的发展、社会化大生产的顺利进行、现代市场经济体制的构建起到了举足轻重的作用。

3. 东京股票市场

东京证券交易所（Tokyo Stock Exchange）是日本的证券交易所之一，简称"东证"，总部位于东京都中央区日本桥兜町。东京证券交易所发展的历史虽然不长，但却是世界上最大的证券交易中心之一，也是仅次于纽约证券交易所的世界第二大证券市场。

东京证券交易所与大阪证券交易所、名古屋证券交易所并列为日本 3 大证券交易所，其市场规模位居世界前三，同时也是日本最重要的经济中枢。

4. 伦敦股票市场

伦敦证券交易所（London Stock Exchange，LSE）是世界四大证券交易所之一，作为世界上最国际化的金融中心，伦敦不仅是欧洲债券及外汇交易领域的全球领先者，还受理超过三分之二的国际股票承销业务。

作为世界第三大证券交易中心，伦敦证券交易所是世界上历史最悠久的证券交易所。伦敦证券交易所扮演着中心角色，它运作世界上国际化程度最高的股票市场，其外国股票的交易超过其他任何证交所。

2.2.2 选择证券公司开户

如今，为投资者提供证券服务的券商有很多，它们实际上就是证券交易所的代理商。图 2-4 介绍了一些国内较出名的券商供大家选择。

1. 中信证券
中信证券股份有限公司是中国证监会核准的第一批综合类证券公司之一。服务内容包括证券（含境内上市外资股）的代理买卖；代理证券还本付息、分红派息；证券的代保管、鉴证；代理登记开户等。

2. 广发证券
广发证券股份有限公司成立于1991年9月，是中国首批综合类券商之一，是一家与中国资本市场一同成长起来的新型投资银行，形成了跨越证券、基金、期货、股权投资领域的金融控股集团架构。

3. 国信证券
国信证券是全国性大型综合类证券公司，主要服务为证券的代理买卖、代理证券的还本付息和分红派息；证券保管和鉴证、代理登记开户、证券自营买卖、证券的承销、证券投资咨询、客户资产管理、直接投资、融资融券、股指期货IB业务以及中国证监会批准的其他业务。

4. 华泰证券
华泰证券公司是中国证监会首批批准的综合类券商之一，提供专业的证券理财服务，拥有以证券经纪、资产管理、投资银行服务、投资服务、基金债券代销服务等为基本架构的完善的专业证券服务体系。

图 2-4　国内较出名的券商

　　大多数投资者在初入股市之时，最急切关注的一个问题就是：哪家券商好？我的股票账户要开在哪里？如果不仔细斟酌就随便开了户，日后可能会产生许多不必要的麻烦。投资者必须牢记投资炒股的一大禁忌——切忌盲目跟风，买股票如是，选券商亦如是，正所谓"没有最好的，只有最适合自己的"。图2-5列举了选择适合自己证券公司的常用方法。

图2-5　选择适合自己的证券公司的常用方法

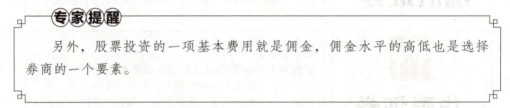

专家提醒

另外，股票投资的一项基本费用就是佣金，佣金水平的高低也是选择券商的一个要素。

2.3 实战：带齐资料开户去

股票市场是有经验的人获得更多金钱，有金钱的人获得更多经验的地方。人们常说实践出真知，学习基本常识只是准备阶段，最重要的是炒股的实战阶段。本节将介绍股票开户的具体操作方法。

2.3.1 开户要准备的资料

投资者如需入市，应事先开立证券账户卡。下面分别介绍开立深圳证券账户卡和上海证券账户卡要准备的资料，如表2-2所示。

表2-2　深圳证券账户卡和上海证券账户卡准备资料

类型	投资者	法人	备注	开户费用
深圳证券账户卡	可以通过所在地的证券营业部或证券登记机构办理，需提供本人有效身份证及复印件；委托他人代办的，还需提供代办人身份证及复印件	持营业执照（及复印件）、法人委托书、法人代表证明书和经办人身份证办理	证券投资基金、保险公司开设账户卡则需到深圳证券交易所直接办理	个人50元/每个账户；机构500元/每个账户
上海证券账户卡	可以到上海证券中央登记结算公司在各地的开户代理机构处，办理有关申请开立证券账户手续，带齐有效身份证件和复印件	需提供法人营业执照副本原件或复印件，或民政部门、其他主管部门颁发的法人注册登记证书原件和复印件；法定代表人授权委托书以及经办人的有效身份证明及其复印件	委托他人代办须提供代办人身份证明及其复印件，以及委托人的授权委托书	个人纸卡40元，个人磁卡本地40元/每个账户，异地70元/每个账户；机构400元/每个账户

2.3.2 营业部开户

投资者办理深、沪证券账户卡后，到证券营业部买卖证券前，需首先在证券营业部开户，开户主要在证券公司营业部营业柜台或指定银行代开户网点，然后才可以买卖证券。

营业部开户的具体操作方法如下。

步骤 1 准备开户资料：个人开户需提供身份证原件及复印件，深、沪证券账户卡原件及复印件；若是代理人，还需与委托人同时临柜签署《授权委托书》并提供代理人的身份证原件和复印件；法人机构开户应提供法人营业执照及复印件、法定代表人证明书、证券账户卡原件及复印件、法人授权委托书和被授权人身份证原件及复印件、单位预留印鉴；B股开户还需提供境外商业登记证书及董事证明文件。

步骤 2 填写开户资料：与证券营业部签订《证券买卖委托合同》（或《证券委托交易协议书》），同时签订有关沪市的《指定交易协议书》。

步骤 3 开设资金账户：证券营业部为投资者开设资金账户，需开通证券营业部银证转账业务功能，投资者应注意查阅证券营业部有关此类业务功能的使用说明。

2.3.3 银证通开户

"银证通"业务是指信用社系统与券商交易系统相联接，投资者通过券商证券交易系统进行证券买卖，并通过在信用社开立的储蓄帐户完成资金清算的业务。

开通"银证通"需要到银行办理相关手续，开户步骤如下：

步骤 ① 银行网点办理开户手续：持本人有效身份证、银行同名储蓄存折（如无，可当场开立）及深沪股东代码卡到已开通"银证通"业务的银行网点办理开户手续。

步骤 ② 填写表格：填写《证券委托交易协议书》和《银券委托协议书》。

步骤 ③ 设置密码：表格经过校验无误后，当场输入交易密码，并领取协议书客户联，即可查询和委托交易。

另外，投资者也可以通过手机银行 App 来开通"银证通"业务。以工商银行的手机银行 App 为例，投资者登录后可以进入"智理财"界面，点击"证券"按钮，如图 2-6 所示。进入"证券"界面，点击"我要开户"按钮，如图 2-7 所示，然后根据页面提示进行开户操作即可。

图 2-6 点击"证券"按钮　　　　图 2-7 点击"我要开户"按钮

开通"银证通"账户后，投资者可享受图 2-8 所示的服务。

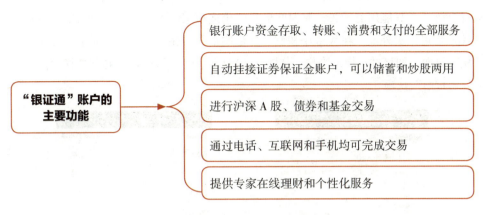

图 2-8　"银证通"账户的主要功能

2.3.4 B 股开户

　　B 股和 A 股相比，大家可能会觉得有些陌生，但是 B 股却有着得天独厚的估值优势。B 股的股价一般比其对应的 A 股有 30% ～ 40% 的折价，高的甚至可以达到 50%，这对于投资者来说是捡便宜货的好地方。

　　B 股不是实物股票，依靠无纸化电子记账，实行"T + 3"交割制度，有涨跌幅（10%）限制，参与投资者为境外居民，持有合法外汇存款的境内居民也可投资。

　　B 股开户的流程和 A 股相比，略显复杂，具体步骤如下。

步骤 ①　凭本人有效身份证明文件到其原外汇存款银行将其现汇存款和外币现钞存款划入证券商在同城、同行的 B 股保证金账户。境内商业银行应当向境内居民个人出具进账凭证单，并向证券经营机构出具对账单。

步骤 ②　凭本人有效身份证明和本人进账凭证单到证券经营机构开立 B 股资金账户，开立 B 股资金账户的最低金额为等值 1000 美元。

步骤 ③　凭刚开立的 B 股资金账户，到该证券经营机构申请开立 B 股股票账户。

步骤 ④　最后一步，就是交易了。由于 B 股是外币结算，所以投资者的外币来源有以下 3 种途径，对应不同的来源，往账户里汇钱的方式也有所不同。

　　（1）持有国内的外汇，那直接向该账户划款即可。不过，B 股交易所用的都是现钞，如果投资者持有的是外汇，那么银行会自动帮你换成现钞。

　　（2）持有海外的外汇，那么必须先将国外外汇汇入到国内同名账户下，然后才能向券商的保证金账户打款。

　　（3）投资者可以在银行柜面直接换汇，也可以通过某些券商的应用程序进行自动换汇。

　　需要注意的是，开通 B 股账户要临柜，而且部分券商对开户存入的资金有要求。

同时上海B股只能用美元买，深圳B股只能用港币买。不过，现在很多银行的官方手机App都可以买外汇。在App中找到"外汇购汇"按钮，如图2-9所示，进入"购汇委托"界面，即可进行换汇操作，如图2-10所示，注意资金用途必须选择"储蓄存款或外币理财"选项。

图2-9 点击"外汇购汇"按钮

图2-10 "购汇委托"界面

2.3.5 手机开户

随着移动互联网和智能手机的发展，目前大部分证券公司都只支持手机开户了，不需要投资者临柜到营业部办理，也不需要电脑视频见证，只要有一部智能手机和畅通的网络就可以快捷开户了。

以中信证券为例，其官网对于开户准备的介绍非常简单，只需要投资者准备好手机、二代身份证和银行借记卡即可，如图2-11所示。

图2-11 中信证券的手机开户准备

投资者可以在中信证券的官网首页找到"开户"二维码，如图2-12所示。

图2-12 中信证券的手机开户准备

投资者只需在微信的功能菜单中选择"扫一扫"选项，如图2-13所示。进入扫码界面后，将手机摄像头对准官网中的"开户"二维码，执行操作后，进入中信证券的手机开户界面，如图2-14所示，然后根据页面提示进行开户操作即可。

图2-13 选择"扫一扫"选项　　　　图2-14 手机开户界面

其他证券公司的开户操作与中信证券的也类似。如图2-15所示，为国信证券的开户准备和手机开户流程。

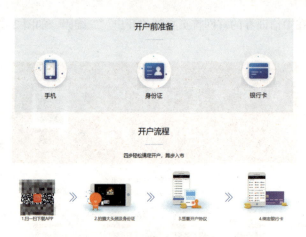

图2-15　国信证券的手机开户准备

在开户过程中，投资者只需保持手机畅通，证券公司将发送确认开户成功的短信至你开户时预留的手机号码，收到短信的那一刻起，投资者就可以使用客户号成功登录交易软件。

2.4 退路：不想炒股了怎么办

在炒股的过程中，投资者难免会遇到一些意外变化，这时候就需要办理相应的手续，如过户、转托管和销户等，让自己全身而退。

2.4.1 股票过户

股票过户是投资者从证券市场上买到股票后，到该股票发行公司办理变更股东名簿记载的活动，是股票所有权的转移。股票有记名股票与不记名股票两种，不记名股票可以自由转让，记名股票的转让必须办理过户手续。在证券市场上流通的股票基本上都是记名股票，都应该办理过户手续才能生效。

股票过户的相关流程如图2-16所示。

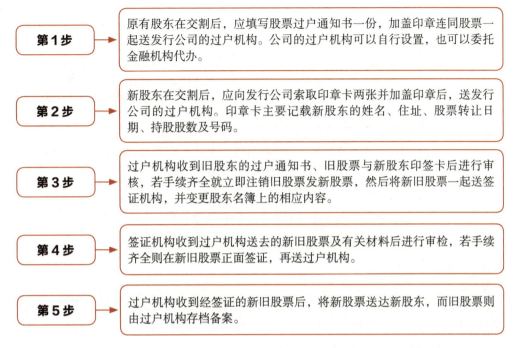

第1步 原有股东在交割后，应填写股票过户通知书一份，加盖印章连同股票一起送发行公司的过户机构。公司的过户机构可以自行设置，也可以委托金融机构代办。

第2步 新股东在交割后，应向发行公司索取印章卡两张并加盖印章后，送发行公司的过户机构。印章卡主要记载新股东的姓名、住址、股票转让日期、持股股数及号码。

第3步 过户机构收到旧股东的过户通知书、旧股票与新股东印签卡后进行审核，若手续齐全就立即注销旧股票发新股票，然后将新旧股票一起送签证机构，并变更股东名簿上的相应内容。

第4步 签证机构收到过户机构送去的新旧股票及有关材料后进行审检，若手续齐全则在新旧股票正面签证，再送过户机构。

第5步 过户机构收到经签证的新旧股票后，将新股票送达新股东，而旧股票则由过户机构存档备案。

图 2-16　股票过户的相关流程

2.4.2 股票转托管

转托管又称证券转托管，是专门针对深交所上市证券托管转移的一项业务，是指投资者将其托管在某一证券商那里的深交所上市证券转到另一个证券商处托管，是投资者的一种自愿行为。

投资者在办理转托管手续时，可将自己所有的证券一次性全部转出，也可将其中的部分证券或同一券种中的部分证券转出。

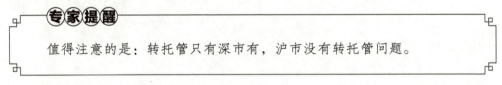

专家提醒

值得注意的是：转托管只有深市有，沪市没有转托管问题。

股票转托管的一般流程如图 2-17 所示。

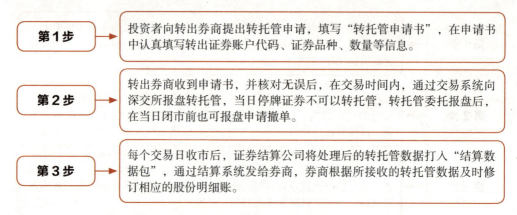

图 2-17　股票转托管的一般流程

2.4.3 股票销户

需要销户的投资者在正常的交易日都可以到营业部开户柜台办理销户手续，但必须由本人亲自办理，办理销户时不收取任何费用。销户需要符合以下几个条件。

（1）已办理撤销指定交易。

（2）已结息并提取剩余款。

（3）当日无委托交易情况。

（4）除了上交所挂牌证券外，没有其他证券余额。

（5）无透支款、无欠付利息以及其他未了事宜。

第3章
软件实战 电脑与手机炒股

学前提示

面对信息技术的日新月异，人们已经不再讨论电子商务的必要性；面对宽带技术的迅猛发展，人们已经开始把自己融入新的网络社区。本章以零基础讲解为宗旨，用实例引导读者深入学习，深入浅出地讲解电脑与手机炒股的知识和操作技巧。

要点展示

» 了解炒股软件的功能应用
» 模拟试用——炒股实战
» 深度讲解——手机炒股软件的使用

3.1 了解炒股软件的功能应用

在电脑上安装炒股软件之后，投资者即可开始查询各类行情信息了。本节主要以同花顺软件免费版为例，介绍炒股软件的主要功能及应用方法。

3.1.1 查看个股走势图

在炒股软件上查询个股走势，比在网页上更加详细专业。下面介绍通过同花顺软件免费版查询个股走势的方法。

步骤 ① 登录同花顺软件免费版，单击工具栏中的"个股"按钮，如图 3-1 所示。

步骤 ② 执行操作后，即可进入个股"涨幅排名"界面，使用鼠标左键双击想要查询的股票名称超链接，如图 3-2 所示。

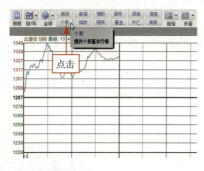

图 3-1　单击"个股"按钮　　　　图 3-2　"涨幅排名"界面

专家提醒

炒股软件也就是股票软件，它的基本功能是信息的实时揭示（包括行情信息和资讯信息），所以早期的炒股软件有时候会被叫作行情软件。一般炒股软件都会提供股票、期货、外汇、外盘等多个金融市场的行情、资讯和交易服务等一站式服务。

随着证券分析技术和软件技术的发展，炒股软件进化出了很多功能：技术分析、基本面分析、资讯汇集、智能选股、自动选股、联动委托交易等，也因此分化出种种不同流派和特点的炒股软件产品。比较著名的有大智慧、同花顺、钱龙、通达信、红股通、股融软件等。

步骤 ③ 执行操作后，即可看到该只股票的 K 线图，单击 K 线图的任何一处，即可打开详细数据窗口，如图 3-3 所示。

步骤④ 在K线图上单击鼠标右键，在弹出的快捷菜单中选择"分析多周期"选项，可以选择不同时间坐标的K线图类型，如图3-4所示。

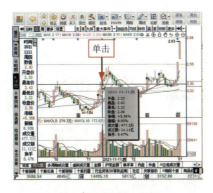
图 3-3 查看K线图

图 3-4 设置"分析周期"

步骤⑤ 单击菜单栏中的"分析"→"分时图"命令，如图3-5所示。

步骤⑥ 执行操作后，即可查看个股的价格分时图，如图3-6所示。

图 3-5 单击"分时图"命令

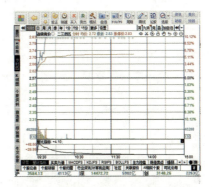
图 3-6 查看个股的价格分时图

专家提醒

在分时走势页面里面每按【↓】键一次，即可多显示前面一个交易日的走势图，这样用户就可以仔细地查看最近一段时间内某只股票的走势了。在个股分时走势页面里按【F1】键或【01 + Enter】组合键，都可以切换到成交明细表，在这里用户可以看到当天按时间次序排列的每一笔交易成交的时间、价格，当时买入价、卖出价、成交手数等信息。

3.1.2 添加与删除指标线

在K线图中，有许多供参考的指标线，用户可对其中的指标线进行添加和删除。下面介绍同花顺软件免费版添加与删除指标线的操作方法。

步骤 ① 在 K 线图上单击鼠标右键，在弹出的快捷菜单中选择"常用线型与指标"→"更多指标"选项，如图 3-7 所示。

步骤 ② 执行操作后，弹出"请选择指标"对话框，选择要添加的指标线，单击"确定"按钮，如图 3-8 所示。

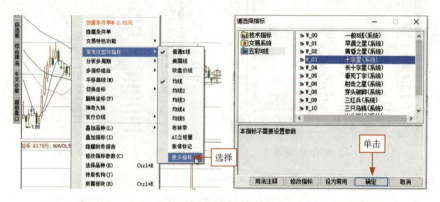

图 3-7 选择"更多指标"选项　　　　　图 3-8 选择指标线

步骤 ③ 执行操作后，即可在 K 线图上添加相应的指标线，如图 3-9 所示。

步骤 ④ 在 K 线图上选择一条指标线，单击鼠标右键，在弹出的快捷菜单中选择"删除十字星"选项，如图 3-10 所示。

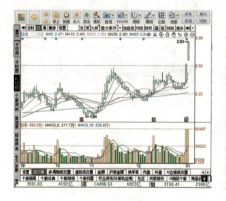
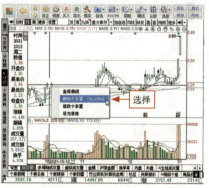

图 3-9 添加相应的指标线　　　　　图 3-10 选择"删除十字星"选项

步骤 ⑤ 执行操作后，即可删除相应的指标线，如图 3-11 所示。

步骤 ⑥ 在 K 线图上单击鼠标右键，在弹出的快捷菜单中选择"多指标组合"选项，可选择各种多指标组合类型，如图 3-12 所示。

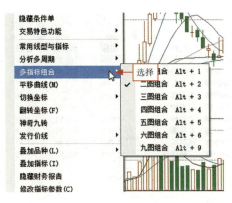

图 3-11　删除相应的指标线　　　　　图 3-12　多指标组合

3.1.3 报价分析功能

报价页面主要是以表格的形式显示股票的各种信息。报价页面可以让用户对所关注股票的各种变化一目了然，可以同时显示多只股票，并对这些股票的某项数据进行排序，让用户方便、快速地捕捉到强势、异动的股票。下面介绍同花顺软件免费版的报价分析功能及其使用方法。

步骤❶ 在"报价"菜单里可以调用各种报价分析的页面，如图 3-13 所示。

步骤❷ 例如，"多窗看盘"是同花顺软件为用户实时看盘特制的页面，它可以让用户同时浏览所关注的多个股票，如图 3-14 所示。

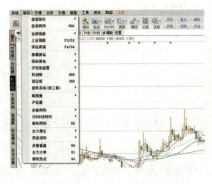

图 3-13　"报价"菜单　　　　　图 3-14　"多窗看盘"模式

步骤❸ 单击表格中栏目的名称，表格将按此栏目的降序排列表格，再次单击则按升序排列（在栏目名称旁有箭头表示状态），如图 3-15 所示。

代码	名称	·	涨幅	现价	涨跌
600519	贵州茅台		-0.99%	2031.00	-20.23
300751	迈为股份		-3.12%	571.50	-18.43
300750	宁德时代		-4.20%		-23.87
300896	爱美客		-0.01%		-0.06
300769	德方纳米		-4.55%	460.56	-21.96
603444	吉比特		-0.81%	428.51	-3.49
600436	片仔癀		-4.39%	413.31	-18.99
002821	凯莱英		-4.45%	374.06	-17.44
301047	义翘神州		-0.44%	355.97	-1.59

降序排列

代码	名称	·	涨幅	现价	涨跌
600090	*ST济堂		+1.68%		+0.02
600145	*ST新亿		+4.24%	1.23	+0.05
600555	*ST海创		-0.74%		-0.01
600393	ST粤泰		-1.40%	1.41	-0.02
002619	*ST艾格		-1.32%	1.50	-0.02
000587	*ST金洲		+0.00%	1.51	+0.00
000564	*ST大集		-4.94%	1.54	-0.08
002503	搜于特		-1.81%	1.63	-0.03
601258	庞大集团		-0.60%	1.65	-0.01

升序排列

图 3-15　排序

步骤 ④ 由于表格往往显示较多的股票和各种数据，所以往往难以在一个屏幕里显示所有的内容，用户可以用【Page Up】键和【Page Down】键来对表格翻页，如图 3-16 所示。

步骤 ⑤ 当表格下面有各种标签的时候，用户可以通过标签选择板块来查看相应的某一类股票，如图 3-17 所示。

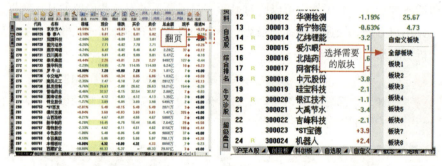

图 3-16　对表格翻页　　　　图 3-17　通过标签选择板块

3.1.4 财务分析功能

在股市的分析中，其中有一项是股市针对上市公司的财务数据图表分析，这项分析从某些程度上是建立在股民对财务有一定专业知识基础之上的。那么对于一些没有财务分析经验的投资者，他们的投资活动会不会存在阻力呢？回答是否定的，这些投资者可以通过炒股软件工具的应用，来弥补知识的空缺，了解和掌握更多的知识，同时为他们的投资活动助力。

同花顺软件通过将各种复杂的财务数据通过图形和表格的形式表达出来，使上市公司的经营绩效清晰地展示在投资者的面前，并可以在上市公司之间与板块之间做各种比较、计算，还配以丰富的说明，让以前没有财务分析经验的投资者轻松地掌握这种新的强大的工具。

步骤① 单击"分析"→"个股资料"命令，即可查看上市公司的基本资料，通过该部分，用户能够具体了解到上市公司目前的运营状况以及业务收支的状态等，如图 3-18 所示。

图 3-18　个股资料

步骤② 单击"财务指标"按钮，即可查看上市企业总结和评价财务状况和经营成果的相对指标，如图 3-19 所示。

报告期指标	基本每股收益(元)	每股净资产(元)	每股资本公积金(元)	每股未分配利润(元)	每股经营现金流(元)	营业收入	净利润(元)	净资产收益率	变动原因
2021-09-30	0.85	28.82	17.32	9.23	11.14	1451.92亿	24.43亿	3.06%	三季报
2021-06-30	0.41	28.40	17.31	8.79	3.38	908.85亿	11.74亿	1.50%	中报
2021-03-31	0.08	28.18	17.31	8.62	0.05	409.92亿	2.37亿	0.31%	一季报
2020-12-31	1.47	20.45	9.05	8.96	16.64	1565.98亿	42.34亿	7.43%	年报
2020-09-30	1.18	20.88	9.64	8.83	10.51	1050.23亿	34.14亿	5.89%	三季报

图 3-19　财务指标

步骤③ 单击左侧的"牛叉诊股"标签进入其界面，软件会将大量财务数据、交易数据和分析师研究数据通过先进、科学的数学模型算法加工而成一个股票评价黑箱，这些数据对于用户来说，是很重要的财务信息，如图 3-20 所示。

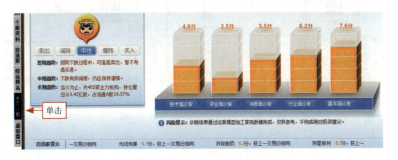

图 3-20　个股诊断

3.1.5 智能选股功能

通过炒股软件的智能选股功能，可以让投资者在茫茫股票池里快速选出自己关注的股票，轻松把握股市良机。智能选股其实很简单，只要轻松一勾，就可通过选择以下条件：如 K 线选股、指标选股、财务选股、综合选股、自定义选股进行选股。下面介绍同花顺软件免费版的智能选股功能。

步骤 ① 在菜单栏中，单击"智能"→"选股平台"命令，如图 3-21 所示。

步骤 ② 弹出"选股平台"对话框，单击"高级选项"按钮，在弹出的列表框中选择"选择板块"选项，如图 3-22 所示。

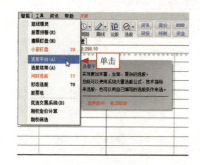
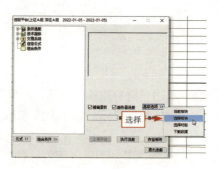

图 3-21 单击"选股平台"命令　　　图 3-22 选择"选择板块"选项

步骤 ③ 弹出"适用代码设置"对话框，在"待选板块"下拉列表框中选择上证 A 股，选好后单击"确定"按钮，如图 3-23 所示。

步骤 ④ 在左侧列表框中依次选择"条件选股"→"财务选股"→"智能选股"→"大盘股"选项，单击"执行选股"按钮，如图 3-24 所示。如果需要自己添加或者删除列出的备选条件，用户可以在"选股平台"里面设置。

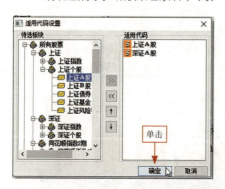
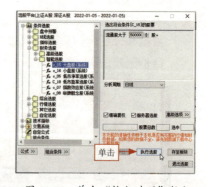

图 3-23 适用代码设置　　　图 3-24 单击"执行选股"按钮

步骤 ⑤ 执行操作后，即可开始智能选股操作。如图 3-25 所示。在选股过程中，因为涉及大量的计算，会消耗一定的时间。期间，用户可以自由进行其他操作，不影响选股结果。

步骤 6 稍等片刻，可以在客户端软件中显示满足上证 A 股中大盘股这个条件的股票，如图 3-26 所示。

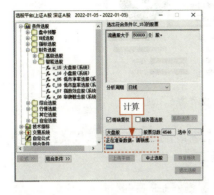

图 3-25 开始选股

图 3-26 智能选股结果

3.1.6 个股看盘分析

炒股软件特有的看盘功能可简单快速地让投资者了解个股的基本面并掌握基本面变动情况，具体包括深度资金分析、捕捉盘面热点、AI（Artificial Intelligence，人工智能）大数据看盘、涨停基因分析、董事长看盘等功能。下面介绍同花顺软件免费版的个股看盘功能。

步骤 1 进入个股详情界面，右侧默认显示为"深度资金分析"窗口，可以查看主力资金动态，同时还可以使用"短线精灵"工具帮助用户及时把握市场机会，如图 3-27 所示。

图 3-27 "深度资金分析"窗口

步骤 2 单击个股名称右侧的设置图标 ，在弹出的列表框中选择"捕捉盘面热点"选项，如图 3-28 所示。

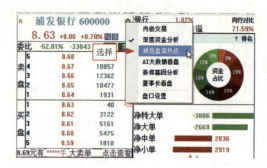

图 3-28　选择"捕捉盘面热点"选项

步骤 ③ 执行操作后，打开"捕捉盘面热点"窗口，即可查看热点板块、涨幅排名、跌幅排名等个股信息，如图 3-29 所示。

图 3-29　"捕捉盘面热点"窗口

步骤 ④ 在"AI 大数据看盘"窗口中，用户可以查看大盘异动情况，比如突然拉高、有大买单、有大卖单、有大托单、有大压单等，如图 3-30 所示。

图 3-30　"AI 大数据看盘"窗口

专家提醒

托单是指某只股票的买盘区某个价位有较大或巨大量的买单挂出。压单是指在股票中当前积压了两个或者两个以上的订单，且订单数目已经导致暂时或者在将来的某一段时间内不能按时完成或者结束的动作。

3.2 模拟试用——炒股实战

登录炒股软件后，即可选择相应的股票进行买卖交易。本节以同花顺软件免费版为例，介绍模拟炒股的实战技巧。

3.2.1 添加自选股

自选股，顾名思义，就是把自己看好的股票加入到自己选定的自选股界面中，同时可以看多只股票，比较方便，单击鼠标右键即可回到界面，可察看股票走势。自选股就是自己选择的"股票库"。

下面介绍使用同花顺软件免费版添加自选股的操作方法。

步骤 ❶ 在个股列表中，选择看好的个股，单击鼠标右键，在弹出的快捷菜单中选择"加入自选股"选项，如图 3-31 所示。用户也可以智能选股功能来筛选股票。

步骤 ❷ 执行操作后，即可将选择的股票加入"自选股"列表，如图 3-32 所示。

图 3-31　选择"加入自选股"选项

图 3-32　添加自选股

专家提醒

在每个炒股软件里都有"自选股"项目，将你选择的股票代码输入后，该股票的各种数据由软件自动生成。这样你就不用再在其他板块分散找，调阅起来很方便。

步骤 ❸ 单击"工具"→"自选股板块设置"命令，如图 3-33 所示。

步骤 ❹ 执行操作后，弹出"自选股板块设置"对话框，提供自选股的添加、删除及排列功能，如图 3-34 所示。

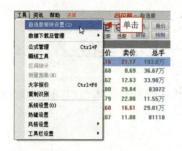 

图 3-33 单击"自选股板块设置"命令   图 3-34   "自选股板块设置"对话框

专家提醒

删除自选股的操作方法如图 3-35 所示。

方法一 ▶ 在自选股报价页面选中某只自选股，按【Delete】键。

方法二 ▶ 在"自选股板块设置"对话框中选中某只自选股，单击"删除"按钮。

方法三 ▶ 若当前选中个股属于"自选股"，则利用右键菜单"删除自选股"选项也能达到删除的目的。

图 3-35   删除自选股的操作方法

利用【↑】键和【↓】键可以调整自选股在自选股报价页面中的顺序。

3.2.2 模拟炒股的买卖

炒股就是买卖股票，靠做股票生意而牟利，买了股票其实就是买了企业的所有权。模拟炒股就是根据股票的交易规则，基于一种虚拟的平台，实现股票买卖的一种炒股手段。

模拟炒股系统是一种利用互联网技术，根据股市实盘交易规则设计的模拟仿真操作系统。股票投资者通过模拟炒股系统可以进行系统的锻炼或学习操盘技术。下面介绍使用同花顺软件免费版模拟炒股的操作方法。

步骤 ❶ 在同花顺主界面中，单击菜单栏中的"交易"→"模拟炒股"命令，如图 3-36 所示。

步骤 ❷ 执行操作后，即可启动模拟炒股工具，在相应股票名称上单击鼠标右键，在弹出的快捷菜单中选择"买入"选项，如图 3-37 所示，即可买入股票。

图 3-36　单击"模拟炒股"命令

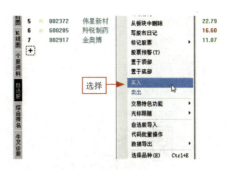

图 3-37　选择"买入"选项

步骤 3 执行操作后,弹出"买入"对话框,在"买入数量"文本框中输入相应的数量, 如图 3-38 所示。

步骤 4 单击"买入"按钮,弹出"委托确认"对话框,显示相应的股票买入信息, 单击"是"按钮即可,如图 3-39 所示。

图 3-38　输入相应的数量

图 3-39　单击"是"按钮

专家提醒

　　投资者在买入或卖出股票时,需注意确认所输入的信息,待确认无误后, 再单击"是"按钮,以免确认后发现错误时无法更改。

步骤 5 另外,用户也可以在模拟炒股工具的"买入股票"选项区中,设置证券代 码和买入数量,单击"买入"按钮,如图 3-40 所示。

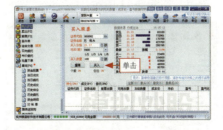

图 3-40　单击"买入"按钮

步骤 6 执行操作后，弹出"委托确认"对话框，显示委托的详细信息，确认无误后单击"是"按钮，如图 3-41 所示。

步骤 7 弹出"提示"对话框，提示用户的买入委托已成功提交，单击"确定"按钮，如图 3-42 所示。

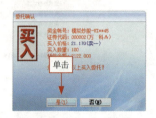

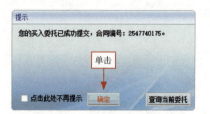

图 3-41 单击"是"按钮　　　　　图 3-42 单击"确定"按钮

专家提醒

在模拟炒股系统中，由于模拟炒股用户委托价格并不会影响到实际行情的变化，用户在玩模拟炒股的时候，小资金体验往往是仿真度较高的，而多数模拟炒股系统都不能体现出大资金对行情的影响。

步骤 8 在同花顺网上交易系统展开"查询"→"当日委托"选项，即可查看买入委托，如图 3-43 所示。

图 3-43 查看买入委托

步骤 9 切换至"卖出"窗口，在"卖出股票"选项区中设置证券代码和卖出数量，单击"卖出"按钮，如图 3-44 所示。

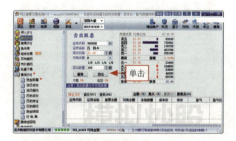

图 3-44 单击"卖出"按钮

步骤⑩ 执行操作后，弹出"委托确认"对话框，显示委托卖出的详细信息，确认无误后单击"是"按钮，如图3-45所示。

步骤⑪ 弹出"提示"对话框，提示用户的卖出委托已成功提交，单击"确定"按钮即可，如图3-46所示。

图3-45　单击"是"按钮

图3-46　单击"确定"按钮

3.2.3 办理委托报价的技巧

我国常用的委托报价方式有限价委托和市价委托两种。

（1）限价委托：就是在买入股票时，限定一个最高价，只允许证券经纪人按其规定的最高价或低于最高价的价格成交；在卖出股票时，限定一个最低价，只允许证券经纪人按其规定的最低价或高于最低价的价格成交。其特点是股票买卖可以按照投资者希望的价格或更好的价格成交，有利于实现预期投资计划。

（2）市价委托：是指定交易数量而不给出具体的交易价格，但要求按该委托进入交易大厅或者交易撮合系统时，以市场上最好的价格进行交易。其特点是能保证即时成交，相对其他委托报价，消除了因价格限制不能成交所产生的风险。

投资者在委托买卖股票时，报价十分重要，了解交易所竞价规则、掌握报价技巧，对投资收益有很大的帮助，如图3-47所示。无论在哪个交易所，成交价格都遵循"价格优先、时间优先"的原则。同时，在这个原则中，"价格优先于时间"。

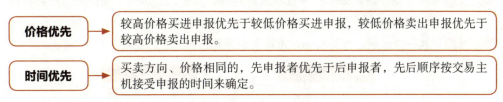

图3-47　委托报价优先原则

专家提醒

上海和深圳股票交易所的股票交易时间为：星期一至星期五正常工作日的上午9：30～11：30，下午13：00～15：00。双休日和交易所公布的休市日休市。其中全天内只有上午9：15～9：25为集合竞价时间，投资者可以下单，委托价格限于前一个营业日收盘价的加减10%，即在当日的涨、跌停板之间。

3.3 深度讲解——手机炒股软件的使用

如今，投资者可以彻底告别传统的电话委托交易方式和高成本的证券营业厅交易方式，能够利用现代化的设备和手段高效、轻松地炒股并获得相关信息。本节将以同花顺 App 为例，讲解手机炒股软件的使用方法。

3.3.1 添加自选股

手机炒股，看行情，成为了热门的趋势。投资者不需要再实时守在电脑旁边，即可做好股票交易。那么，对于自选股，即投资者自己关注的股票，应该如何添加到手机软件中去呢？下面以同花顺炒股软件为例说明，其他的手机软件大同小异。

步骤 ① 打开同花顺 App，在主界面点击"行情"按钮，如图 3-48 所示。

步骤 ② 进入"行情"界面，选择感兴趣的股票点击打开，如图 3-49 所示。

图 3-48　点击"行情"按钮　　　图 3-49　选择感兴趣的股票

步骤 ③ 执行操作后，即可打开股票走势界面，点击右下角的"加自选"按钮，如图 3-50 所示。

步骤 ④ 执行操作后，即可将当期选择的股票加入自选股，如图 3-51 所示。

图 3-50　点击"加自选"按钮　　　图 3-51　添加自选股

步骤 ⑤ 用户也可以直接点击主界面右上角的搜索图标，如图 3-52 所示。

步骤 ⑥ 在搜索框中输入自己关注的股票代码和名称，在搜索结果列表中点击相应股票右侧的"＋"号加入自选股，如图 3-53 所示。

图 3-52 点击搜索图标

图 3-53 点击"＋"号

3.3.2 实时解盘

同花顺 App 不但支持沪深两市大盘及个股分时、K 线、报价行情，还支持基金、外汇、期货、延时港股和全球股指。

步骤 ① 在同花顺 App 的"行情"界面中，选择相应大盘指数，如图 3-54 所示。

步骤 ② 进入该大盘指数的分时页面，页面显示大盘指数的分时图和成交量图，如图 3-55 所示。

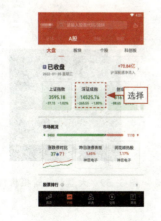

图 3-54 选择相应大盘指数

图 3-55 大盘分时页面

步骤 3 在分时图上可点击显示与移动光标，并以浮动框显示光标时间点的分时数据信息，如图 3-56 所示。

步骤 4 按住屏幕向右翻动，即可进入 K 线图页面，如图 3-57 所示。

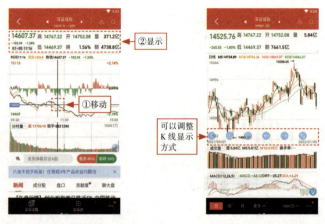

图 3-56 "市场行情"界面　　　　图 3-57 大盘 K 线图

步骤 5 在分时图下方点击"聊大盘"按钮，进入帖子区，可以查看其他用户的评论，也可以点击"发新帖"按钮 发表自己的看法，如图 3-58 所示。

步骤 6 点击分时图上方的详细报价区域，即可查看大盘的详情报价信息，如图 3-59 所示。

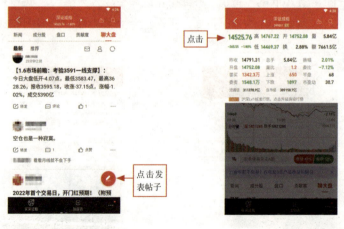

图 3-58 帖子区　　　　图 3-59 大盘的详情报价信息

3.3.3 个股分析

通过手机炒股软件可以深度解译股票基本面，直观展现个股评级和操作建议。

步骤 ① 打开同花顺 App，进入"自选"界面，点击选择要查看详情的个股，如图 3-60 所示。

步骤 ② 执行操作后，进入个股分时页面，如图 3-61 所示。

图 3-60 选择要查看详情的个股 　　　　　图 3-61 个股分时页面

步骤 ③ 点击下方的"分时量"图表，可以在"分时量""量比""AI分时""成交对比"等图表中切换，如图 3-62 所示。

步骤 ④ 点击右侧的"五档""明细"等标签，可以切换查看相应的数据等，如图 3-63 所示。

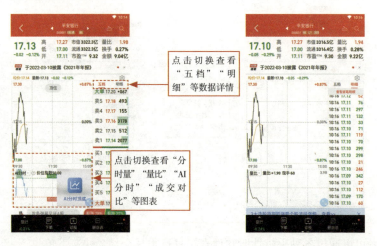

图 3-62 切换图表 　　　　　　图 3-63 切换数据

步骤 ⑤ 按住屏幕向右翻动，即可进入 K 线图页面，如图 3-64 所示。

步骤 ⑥ 点击"更多"按钮，在弹出的菜单中可以选择1分、5分、15分、30分、60分、120分、年线等 K 线周期，如图 3-65 所示。

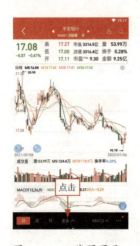

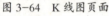

图 3-64　K 线图页面

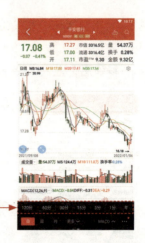

图 3-65　设置 K 线周期

步骤 7 点击 MACD 指标，在弹出的菜单中点击"设置"按钮，即可设置 K 线指标，如图 3-66 所示。

步骤 8 点击相应的指标右侧设置图标，可以设置指标参数，如图 3-67 所示。

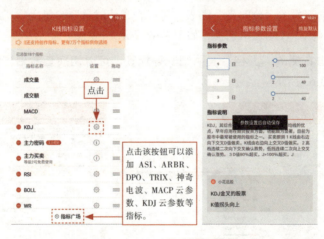

图 3-66　设置 K 线指标　　　　图 3-67　设置指标参数

3.3.4　一键下单

投资者可以通过各种手机炒股软件直接进行委托交易，快速下单。

步骤 1 在个股分时页面，点击"下单"按钮，如图 3-68 所示。

步骤 2 在弹出的交易菜单中，点击"买"按钮，如图 3-69 所示。

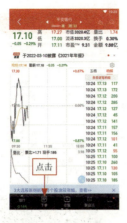

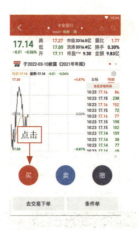

图 3-68 点击"下单"按钮　　　　　图 3-69　点击"买"按钮

步骤③ 在弹出的"买入"面板中，点击"买入数量"文本框，如图 3-70 所示。

步骤④ 设置买入数量后，点击"买入"按钮，如图 3-71 所示。

图 3-70　点击"买入数量"文本框　　　图 3-71　点击"买入"按钮

步骤⑤ 确认价格和买入数量后，点击"确定买入"按钮，如图 3-72 所示。

步骤⑥ 执行操作后，即可提交下单委托，如图 3-73 所示。

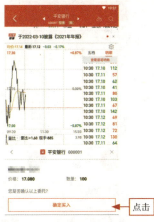

图 3-72　点击"确定买入"按钮　　　图 3-73　提交下单委托

步骤 ⑦　另外，用户也可以在交易菜单中点击"去交易下单"按钮，进入"买入"
界面后，在此也可以买入个股，如图 3-74 所示。

步骤 ⑧　切换至"委托"选项卡，可以查看当前的下单委托以及进行相关的撤单操作，
如图 3-75 所示。

图 3-74　"买入"界面　　　　　图 3-75　"委托"选项卡

3.3.5　资讯分析

　　同花顺是一款免费的、功能强大的股票行情软件，除了能方便地看大盘和个股的
行情外，还提供非常多的功能，利用同花顺可以很方便地进行股票的情报收集、处理
分析工作，提前帮助投资者布局。

专家提醒

　　手机炒股软件除了券商自主研发设计的，还有第三方提供的，在市面上流行的手机炒股软件也有很多种，如最早和证券商合作的同花顺手机炒股软件。那么，在选择手机炒股软件的时候，投资者需要注意以下3个方面。

　　·方便：操作方便、上手快，这是投资者选择手机炒股软件时不可忽视的一个因素。

　　·速度：反应速度快，能够及时了解大盘的走势。

　　·安全：安全问题往往是交易者使用交易平台时的一个关注点。

　　投资者可以通过同花顺手机炒股软件收集、整合一手情报资讯，整理最新的财经信息以及最为及时、最为全面和最有参考价值的资讯内容，对板块、个股的潜在机会的挖掘比较深入、提前。

步骤 ①　在同花顺 App 主界面下方，可以看到"推荐"栏目，如图 3-76 所示。

步骤 ②　点击相应的标题，即可查看资讯详情，如图 3-77 所示。

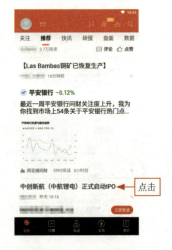

图 3-76　"推荐"栏目

图 3-77　查看资讯详情

步骤 ③　在主界面点击"资讯"按钮，显示资讯要闻列表，如图 3-78 所示。

步骤 ④　点击"机会"标签进入其界面，重点突出对板块、个股的潜在机会的深度挖掘，如图 3-79 所示。

图 3-78　丰富的资讯要闻列表　　　　图 3-79　"机会"界面

步骤 ⑤ 在主界面的"更多"菜单中点击"问财"按钮进入其界面，用户可以在此咨询各种股票投资问题，如图 3-80 所示。

步骤 ⑥ 用户也可以点击下方的标签，快速查看"专属智能投顾"客服机器人给出的相应答案，如图 3-81 所示。

图 3-80　"问财"界面　　　　　图 3-81　咨询相关问题

第4章
选股实战 根据多个要素

学前提示

在市场红火高涨时，为何积极选股，却还是不赚钱？在市场低迷时，如何准确选择成长股，并坚定持有？投资者只有根据正确要素精确选择成长股，才能持续稳定盈大利。本章不仅让你彻底摒弃"人云亦云"的惯性法则，更教会你做一位始终独立思考的投资者。

要点展示

≫ 赢在起点：选股的重要性
≫ 要素1：根据基本面选股
≫ 要素2：根据心理面选股
≫ 要素3：根据市场面选股
≫ 要素4：根据技术分析选股

4.1 赢在起点：选股的重要性

俗话说："不管 A 股 B 股，能赚钱就是好股。"如何选择好股票是投资者最迫切想要知道的。股票市场广阔且波动很大，没有固定的好股之说，对于不同的投资者，找到适合自己投资方式的股票是非常重要的。不管大盘下跌也好上涨也好，选股才是最重要的，选股不对你也很难赚钱。

投资者有的盈，有的亏，盈亏程度各不同，其实主要是由于选股不同造成的。选股的思路与方法五花八门，千奇百怪，但可能最适合散户的选股方法应该还是 K 线图。

能够正确选股，并且享受到股市利润的投资者，在数量上必然是极少数。他们是高手，不是高在技术面上，而是有一个好习惯，那就是以把玩的心态，每天至少看 50 支股票的 K 线图。

下面以同花顺软件为例，介绍一些 K 线选股的技巧。

步骤❶ 在行情列表窗口中，双击某只股票进入其动态图形窗口，它是分析个股盘面的主要窗口之一。默认情况下，系统将显示 3 个窗口，分别是日 K 线窗口、成交量窗口和指标窗口。图 4-1 所示为新光药业（300519）的日 K 线窗口。

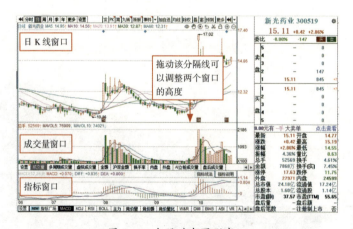

图 4-1　个股动态图形窗口

专家提醒

在选股票的过程中，首先要选择的就是股票的形态。一般都是从股票的日线图来进行挑选，有时也会用周线图来挑选一遍，这个完全体现于投资者个人的喜好，没有什么规定。

步骤② 对于日 K 线图窗口，投资者可以根据需要更改其显示周期，其方法是：在日 K 线图窗口中单击鼠标右键，在弹出的快捷菜单中选择"分析多周期"选项，在弹出的子菜单中选择对应的选项更改 K 线显示周期。图 4-2 所示为新光药业（300519）的周 K 线窗口和成交量窗口。

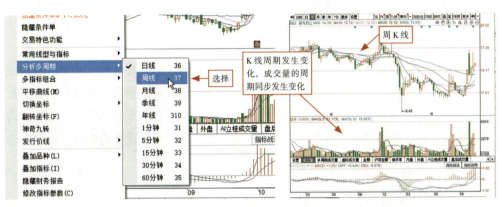

图 4-2　周 K 线窗口和成交量窗口

步骤③ 如果要自定义显示动态图形窗口中的指标个数，其方法是：在窗口的任意位置单击鼠标右键，在弹出的快捷菜单中选择"多指标组合"选项，在弹出的子菜单中选择对应的选项更改指标个数。图 4-3 所示为新光药业（300519）的两个指标同步显示。

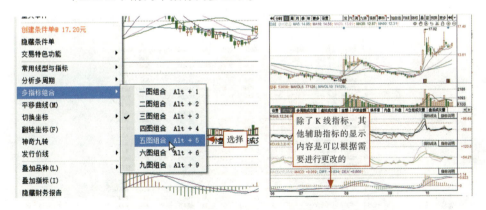

图 4-3　更改指标图显示个数

总之，股价运行各阶段的 K 线研究，一些原则性的东西永远不会过时。例如，建仓量能决定突破高度，均线系统决定突破时间，控盘意图简洁不受干扰，价格波动不给短线客留空间，成交量千万不能散等。

4.2 要素 1：根据基本面选股

股价常根据一些特定经济指标、经济政策、全球经济形势、国内外突发事件等基本面宏观因素的起伏而变化，对这些因素的分析是判断股市当前行情以及选择好股票的主要依据。

基本面包含外交和政治、金融和经济、汇率和利率、国情和人气、社会需求和市场供给、经济周期和股市趋势、管理机构和上市公司、行业前景和产品结构、董事长和管理层、老与新和大与小、企业成长性和市场占有率、负债率和利润率、资源结构和市场容量等。要想全部了解和熟悉绝非易事，只有在平常边操作边学习，边学习边操作，使得资本和学识、经验同步增长。

4.2.1 利用国家经济政策取向选股

经济政策是国家为了增进社会经济福利、改进国民经济状况、达到一定的政策目标而有计划地运用政策工具制定的解决经济问题的指导原则和措施。

众所周知，你若要做好一件事情，尤其是关系到自己生存和发展的大事，一定要遵守国家政策。股市基本分析方法无论有多少种，作为我们中小投资者首先要学会根据政策来选股。

2021 年年底，“元宇宙”全面兴起，相关概念股大涨，如图 4-4 所示。

	代码	名称		涨幅%	现价	涨跌	买价	卖价	总量	现量	涨速%	换手%
1	300556	丝路视觉		20.01	35.27	5.88	35.27	–	140168	840	0.00	15.52
2	688039	当虹科技	K	16.70	89.65	12.83	89.65	89.70	65813	374	0.08	13.31
3	300058	蓝色光标	R	16.59	12.51	1.78	12.51	12.52	452.5万	37374	1.13	19.00
4	688088	虹软科技	K	14.07	50.26	6.20	50.19	50.26	115550	1473	-0.07	4.32
5	300624	万兴科技		11.50	61.45	6.34	61.41	61.45	158398	1190	-0.56	14.26
6	300248	新开普		10.58	16.72	1.60	16.72	16.73	129.3万	13586	-1.81	31.95
7	300213	佳讯飞鸿		10.48	9.80	0.93	9.79	9.80	156.2万	17967	-1.20	28.38
8	000810	创维数字	R	10.05	10.84	0.99	10.84	–	462080	566	0.00	4.51
9	000665	湖北广电	R	10.05	6.90	0.63	6.90	–	905790	1678	0.00	9.23
10	002292	奥飞娱乐	R	9.95	6.96	0.63	6.96	–	879706	1160	0.00	10.30
11	000863	三湘印象		9.92	3.88	0.35	3.88	–	517758	2010	0.00	4.35
12	600728	佳都科技	R	8.28	9.02	0.69	9.02	9.03	142.8万	6975	-0.21	8.26
13	300571	平治信息		8.20	63.36	4.80	63.36	63.38	81247	602	0.25	8.43
14	300612	宣亚国际		7.54	28.82	2.02	28.82	28.83	323229	9511	0.98	20.32
15	002047	宝鹰股份	R	6.84	4.22	0.27	4.21	4.22	183.2万	20130	0.00	13.72
16	300364	中文在线		6.54	15.80	0.97	15.80	15.81	108.9万	15615	0.45	17.22
17	002655	共达电声		6.32	19.00	1.13	18.99	19.00	290327	4714	0.48	8.07
18	603466	风语筑		6.18	28.88	1.68	28.87	28.88	279039	3719	-0.06	6.65
19	300088	长信科技	R	6.17	14.10	0.82	14.10	14.11	179.0万	24422	0.50	7.33
20	002717	岭南股份		6.09	3.66	0.21	3.65	3.66	109.5万	11122	0.27	9.73

分类▲ 沪深 创业 科创 北证 B股 基金▲ 债券▲ REITs 新三板▲ 板块指数 港美联动 自选 板块▲ 自定▲

图 4-4 “元宇宙”概念股

2021 年 12 月 13 日，万兴科技（300624）在放出成立“元宇宙”研究院的消息后，股价应声上涨 14.03%，如图 4-5 所示。

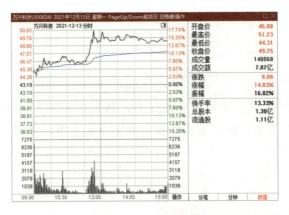

图 4-5　万兴科技分时图

后市分析：从万兴科技的K线图分析，公司业绩向好，未来或可持续增长，该股股价后市有望继续走强，如图4-6所示。

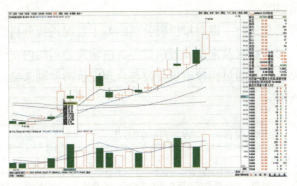

图 4-6　万兴科技K线图

随着国家经济形势的不断发展变化，国家的经济政策自然会不断地做出相应的调整。国家经济政策对股价的主要影响如图4-7所示。

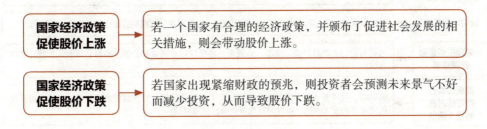

图 4-7　国家经济政策对股价的影响

因此，投资者必须深刻理解国家的重大经济政策，并认真贯彻在整个股票买卖的过程中，投资才能获得成功。如果投资者能根据政策来选股，同时又花工夫通过市场调查来了解上市公司的基本面，再学会用技术分析选好买点，那就大概率不愁在股市中赚不到钱。

专家提醒

在通货膨胀时期，若物价涨幅过大，居民实际资产会缩水，引起市场不稳定。为控制通货膨胀，国家将推动利率上涨，市场中流动资金将减少，从而使股价下跌。

4.2.2 利用行业发展前景选股

在选择股票时，非常看重两个条件：一是行业发展趋势好，在可预见的时间内能够有持续向上的景气度；二是只看当期业绩往往容易错失牛股，因此抓行业拐点需要对行业有较高的敏感度。

利用行业发展前景选股，即对拟投资公司的基本情况进行分析，包括公司的经营情况、管理情况、财务状况及未来发展前景等，由研究公司的内在价值入手，确定公司股票的合理价格，进而通过比较市场价位与合理定价的差别来确定是否购买该公司股票，如图 4-8 所示。

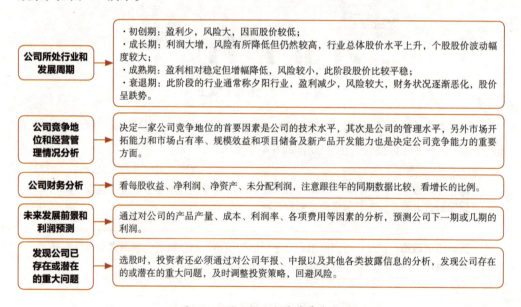

图 4-8 利用行业发展前景选股

通常人们在选择个股时，要考虑到行业因素的影响，尽量选择高成长行业的个股，而避免选择夕阳行业的个股。例如，我国的通信行业，是目前典型的朝阳行业，通信类的上市公司在股市中倍受青睐，其市场定位通常较高，往往成为股市中的"高价贵族股"，如图4-9所示。

图4-9　通信行业K线图

4.2.3 利用价值投资选股

股票的内在价值决定价格，想要稳定获利并能及时回避风险，必须对股票进行内在价值的分析，如图4-10所示。

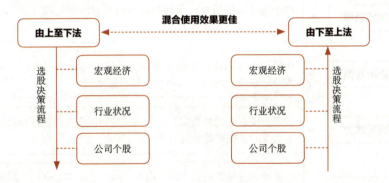

图4-10　利用价值投资选股

专家提醒

价值投资选股是指在大板块里趋势最好的行业中，进一步细分其子行业的研究，选出趋势最强的子行业，然后再根据价值投资的理念，选出子行业中基本面好、有投资价值，且最具代表性的龙头公司进行投资。

4.3 要素 2：根据心理面选股

选股心理是投资者在对目标选择时所产生的对股票价值进行心理预期的活动。培养良好的选股心理，要求投资者应该注意以下几个方面：一是顺势而为，只有顺应牛市态势来选股，才能获大利，相反则可能要赔钱；二是组合投资，通过选择不同类型的目标股进行组合投资来把握市场机会，校正不良的选股心态。

4.3.1 做好选股心理准备

有人说股市如战场，一个没有硝烟的战场，能使投资者成为盖世英雄，同样也能使投资者伤痕累累。对于想进入股市的投资者来说，首先要做好心理准备，如图 4-11 所示。

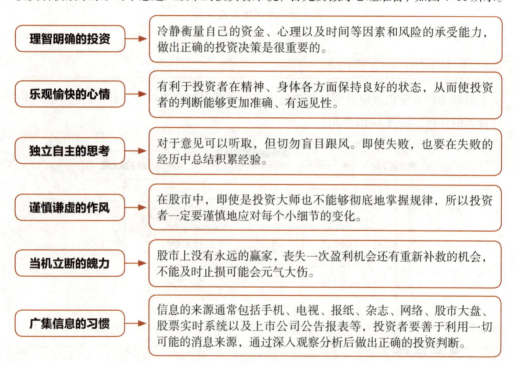

理智明确的投资	冷静衡量自己的资金、心理以及时间等因素和风险的承受能力，做出正确的投资决策是很重要的。
乐观愉快的心情	有利于投资者在精神、身体各方面保持良好的状态，从而使投资者的判断能够更加准确、有远见性。
独立自主的思考	对于意见可以听取，但切勿盲目跟风。即使失败，也要在失败的经历中总结积累经验。
谨慎谦虚的作风	在股市中，即使是投资大师也不能够彻底地掌握规律，所以投资者一定要谨慎地应对每个小细节的变化。
当机立断的魄力	股市上没有永远的赢家，丧失一次盈利机会还有重新补救的机会，不能及时止损可能会元气大伤。
广集信息的习惯	信息的来源通常包括手机、电视、报纸、杂志、网络、股市大盘、股票实时系统以及上市公司公告报表等，投资者要善于利用一切可能的消息来源，通过深入观察分析后做出正确的投资判断。

图 4-11　明确股票投资心理

4.3.2 利用比价效应选股

"比价效应"（Price Comparison effect）是指与同类型公司之间通过诸如经营业绩、流通股本、募集资金所投入项目等方面进行直观比较后，来影响二级市场中的股价最终定位，主要有以下几方面。

┌─ **专家提醒** ─────────────────────────────┐

点对面的比价方法相对宽松，主要是在新上市公司与整个行业所有公司之间展开，寻求的是与行业内上市公司平均股价的一种平衡。

└───┘

• 与同一地域板块间的个股比价，选择股价较低的个股，如图 4-12 所示。

图 4-12　同一地域板块间的个股比价

• 与同一行业间的个股比价，选择股价较低的个股，如图 4-13 所示。

图 4-13　同一行业间的个股比价

• 与同一热点题材股间的个股比价，选择股价较低的个股，如图 4-14 所示。
• 与相同流通股本规模的个股比价，选择股价较低的个股，如图 4-15 所示。

"比价效应"是推动证券市场不断变化的一个最主要的市场动因，投资者应尽量选择质优价低的股票进行中长线投资。

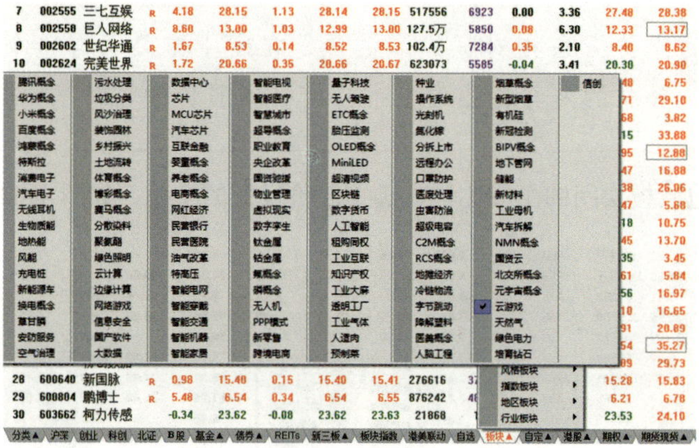

图 4-14　同一热点题材股间的个股比价

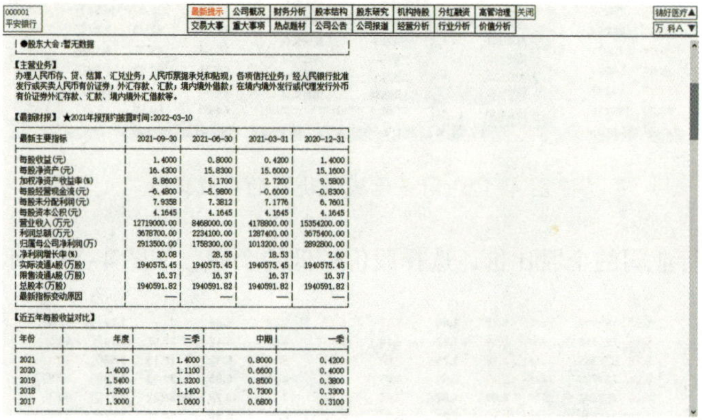

图 4-15　查看个股的流通股本

4.3.3　牛市与熊市选股技巧

股市行情随时在变动，投资者应学会在不同的时期购买股票的技巧，利用各时期的特点，综合分析、实践操作。

1. 在牛市中选股

"股市就是这样，牛市之后是熊市，熊市之后是牛市，是不断循环的。现在是熊市，说明牛市也不远了。"这段话很简单地概括了牛市和熊市持续循环的特点。那么，如何选股成了其中重要的问题。

在理性投资者的理念中，"在股市中比的不是谁今天赚得多，而比的是谁在股市中生存的时间长"。如果比谁赚得多，股市中有太多大喜大悲的案例，有很多几年前在股市叱咤风云的人物早已消失，倒在了牛市形成之前。谁生存的时间长，则意味着所获得市场赐予的机会就越多。新股民可以关注短线选股的"三高"理论，如图4-16所示。

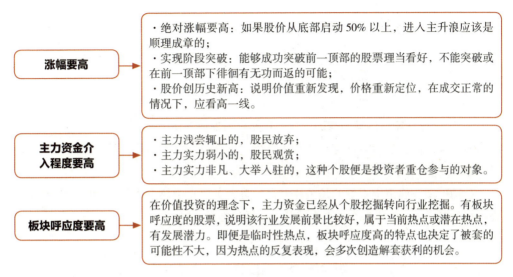

涨幅要高
- 绝对涨幅要高：如果股价从底部启动50%以上，进入主升浪应该是顺理成章的；
- 实现阶段突破：能够成功突破前一顶部的股票理当看好，不能突破或在前一顶部下徘徊有无功而返的可能；
- 股价创历史新高：说明价值重新发现，价格重新定位，在成交正常的情况下，应看高一线。

主力资金介入程度要高
- 主力浅尝辄止的，股民放弃；
- 主力实力弱小的，股民观赏；
- 主力实力非凡、大举入驻的，这种个股便是投资者重仓参与的对象。

板块呼应度要高
在价值投资的理念下，主力资金已经从个股挖掘转向行业挖掘。有板块呼应度的股票，说明该行业发展前景比较好，属于当前热点或潜在热点，有发展潜力。即便是临时性热点，板块呼应度高的特点也决定了被套的可能性不大，因为热点的反复表现，会多次创造解套获利的机会。

图4-16 牛市选股技巧

2. 在熊市中选股

在熊市中选股的难度远远大于牛市，大盘在不断下跌，大部分个股的走势也逐级向下，只有极少数个股逆势上扬。虽然在熊市中选股难度很大，但也有一定的方法可循，具体如下。

（1）选择基本面情况发生重大变化、业绩有望突升的个股。无论是在牛市还是在熊市，这类个股都是受追捧的对象。由于基本面发生了好转，或早或晚会反映到股市上。当然，在选择时需要注意时机，不要等到股价已经上涨到高点时再买进。

（2）选择具有长期良好发展前景的个股。具有良好发展前景的公司，是大多数人选股时追求的目标，这类公司发展前景光明、经营稳健，被许多人看好，在牛市中股价可能高高在上，业绩被提前预支。但是，在熊市中可能随着大盘而大幅下跌，甚至暴跌，这为投资者提供了一次很好的买入机会，他们可以用很低的价格得到一只优质股票。

专家提醒

需要注意的是，投资者在选择这类个股时应立足于中长线，不能指望短期内获得高额利润。

（3）选择主力机构介入的个股。股市中的主力机构实力强大，不是一般的中小投资者可以比的，但是也有进出不灵活的弱点，一旦介入一只个股，就要持有较长的时间，尤其是在熊市中，除非认输出局，否则就要利用每次反弹机会，伺机在股价上涨时获利。

专家提醒

中小散户只要介入时机合适，成本价在主力之下或持平，并且不要贪恋过高的利润，就会有相对较大的获利机会。

（4）选择在熊市后期超跌的个股。在熊市后期或熊市已经持续较长时间，一些个股总体跌幅已深，综合基本分析和技术分析，下跌空间已经有限，已经无法再跌。即使大盘继续下跌，这批个股也会提前止跌，率先反弹。

总结可知，熊市中重要的是关注大盘走势、了解盘中热点以及政策的转变等。投资者宜只选不买，为将来在牛市中选择个股做好准备。

4.4 要素3：根据市场面选股

股价的巨大波动性成为股票具有较高报酬的原因之一。由市场股票的涨跌幅度，可以寻找出盘面上的强势股及弱势股。一般而言，股价为市场基本面的领先指针，亦即当消息未传出市场前，股价可能已经开始反应了。所以，观察股价的波动有助于猜测出市场的实际变化。

因此，股票投资者一定要学会理解市场行为，做"聪明的小羊"，不要有个体恐惧效应，有时要有破釜沉舟的觉悟，学会根据市场面选股，如图4-17所示。

图4-17　根据市场面选股的要点

4.4.1 利用市场热点题材选股

题材是指让散户乐于追股票的借口，是用来激发市场人气的工具。有些题材确有实质性内容，而有些则纯粹是空穴来风，甚至是刻意散布的谣言。另外，大部分题材对上市公司本身有多大好处是不能随便确定的，许多具体情况需要具体分析。但市场的特点是只要有题材，市场就乐于挖掘和接受，而题材的真实作用反而被忽视了。

股市题材具有正反两方面的作用，在利用题材寻找最佳投资机会和选股时，操作上要注意图4-18所示的问题。

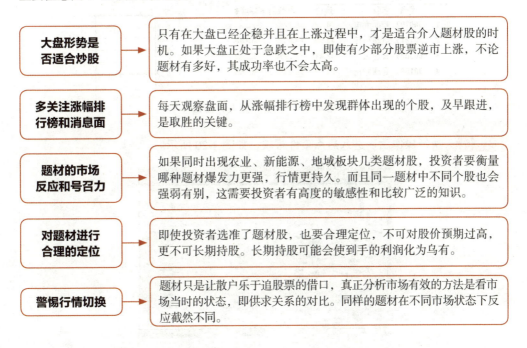

大盘形势是否适合炒股	只有在大盘已经企稳并且在上涨过程中，才是适合介入题材股的时机。如果大盘正处于急跌之中，即使有少部分股票逆市上涨，不论题材有多好，其成功率也不会太高。
多关注涨幅排行榜和消息面	每天观察盘面，从涨幅排行榜中发现群体出现的个股，及早跟进，是取胜的关键。
题材的市场反应和号召力	如果同时出现农业、新能源、地域板块几类题材股，投资者要衡量哪种题材爆发力更强，行情更持久。而且同一题材中不同个股也会强弱有别，这需要投资者有高度的敏感性和比较广泛的知识。
对题材进行合理的定位	即使投资者选准了题材股，也要合理定位，不可对股价预期过高，更不可长期持股。长期持股可能会使到手的利润化为乌有。
警惕行情切换	题材只是让散户乐于追股票的借口，真正分析市场有效的方法是看市场当时的状态，即供求关系的对比。同样的题材在不同市场状态下反应截然不同。

图4-18 利用市场热点题材选股

长期价值投资选股，一般都要选择价格低于价值的股票，也就是通常说的花4角钱买价值一元钱的股票。凡是这样的股票，一定是普遍不被市场看好的股票，所以才会有低价格。而短期参与的热点题材股，就完全相反，一般就不管什么价值和价格了，主要看此股主力是否介入，是否具有主力股的特点，题材的想象空间是否够大，然后根据K线判断此股价格是在顶部出货阶段还是在底部开始拉升阶段。

4.4.2 利用市场热点选股

用一句通俗的话说：热点就是某一特定时间内走红的板块或股票，这些在特定时间内走红的股票，常常被股民称之为当时的"热门股"。如果投资者查看股票涨跌排行榜，就会发现在涨幅榜的前列大多是它们的身影。

下面介绍利用市场热点选股的方法。

步骤 ① 在工具栏中，单击"热点"按钮，如图 4-19 所示。

图 4-19 单击"热点"按钮

步骤 ② 执行操作后，进入热点事件板块，如图 4-20 所示。

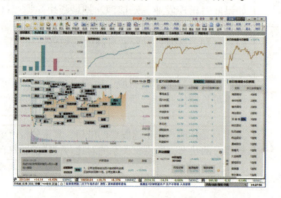

图 4-20 热点事件板块

步骤 ③ 在"事件驱动"选项卡的下拉列表框中，可以查看近期的股市热点事件，
如图 4-21 所示。

图 4-21 "事件驱动"选项卡

步骤 ④ 在左侧的下拉列表框中选择相应的热点事件，在右侧窗口中可以查看该热点事件的受益个股、概念关注度和近期动态等信息，如图4-22所示。

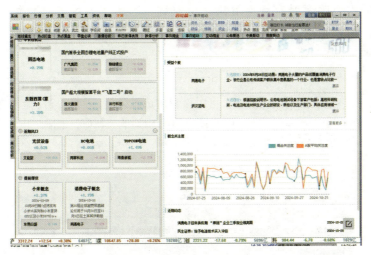

图4-22 查看事件的具体内容

步骤 ⑤ 在"事件掘金"选项卡中，可以查看相应热点事件影响的相关概念股，以及具体的事件变化趋势和个股走势动态，如图4-23所示。

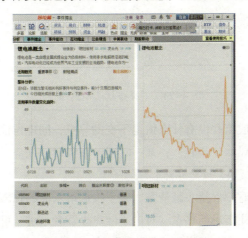

图4-23 "事件掘金"选项卡

专家提醒

投资者要盯住热点板块中的领头羊。在热点板块中，并不是所有的个股都能够涨得很好。大出风头的首先是行情的领头羊。

领头羊是主力为了使热点板块能够顺利启动，也为了号令天下而刻意塑造的一个市场形象。在行情初期，最先引起轰动效应的肯定是领头羊。

热点板块的其他个股都是看领头羊的号令行动，股民们也是在领头羊的示范效应下才会改变对市场的看法，由空翻多。由于领头羊在行情中具有重要作用，主力在培植领头羊的过程中往往也不计成本，股价可以拉升到惊人的高度。

步骤 6 在"精选公告"选项卡中，可以查看自选股公告、业绩公告、定期报告、举牌、中标等热点事件信息，同时还会标出相关的"利好"（指对市场行情有利，可能引起价格上涨的消息）或"利空"（能够促使股价下跌的信息）标识，让投资者一目了然，如图 4-24 所示。

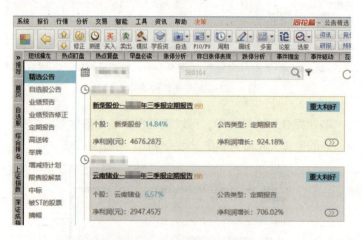

图 4-24　"公告精选"选项卡

需要注意的是，股市并没有什么恒定不变的热点，同理也没有恒定不变的强势股和弱势股。正所谓"风水轮流转"，某一时期的强势股、强势板块，在另一时期就可能变为弱势股、弱势板块，反之亦然。

因此，投资者应时刻保持头脑清醒，善于根据市场面的强弱变化，及时调整自己的投资策略，以便抓住市场新热点。对中小散户投资者来讲，可以贴近市场热点选择相应股票。热点选股，趋势选时，积小利成大利，继而演变成一种稳健的盈利模式。

4.4.3 利用股东情况变动选股

股东情况变动也是投资者选股的一个重要参考因素。例如，股东人数是某只个股所有股东的人数，人数越少代表筹码越集中，用通俗一点的话说就是主力已经吸足了货，因而股价就会上升。相反，如果股东人数增加，则说明主力在派发，众多筹码被散户接走，股价自然就会下来，获利自然也就降下来了。

下面介绍利用股东情况变动选股的方法。

步骤① 选择要查看的个股，单击左侧的"个股资料"标签，如图4-25所示。

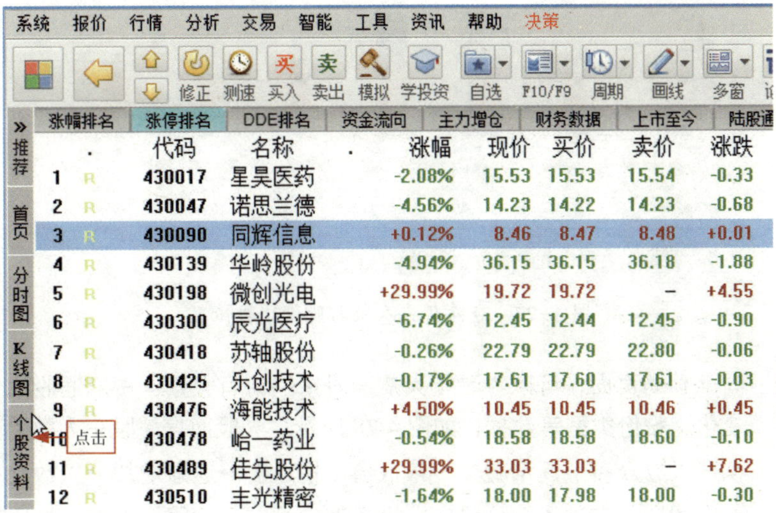

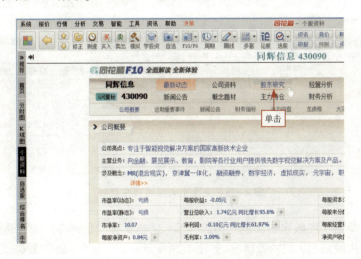

图4-25 单击"个股资料"标签

步骤② 执行操作后，进入"个股资料"界面，单击导航栏中的"股东研究"按钮，如图4-26所示。

图4-26 单击"股东研究"按钮

步骤③ 执行操作后，即可查看股东人数与股价比较情况，以及较上期变化、人均流通股、人均流通变化、行业平均（户）等数据，如图4-27所示。

图 4-27 查看股东人数与股价比较情况

步骤 4 向下翻动页面，可以查看十大流通股东的持有数量、占流通股比例、持股变化、股份类型等数据，如图 4-28 所示。一般而言，股东人数的变化往往从"人数众多→逐渐减少→最低值（拐点）→逐渐增加→人数众多"完成一个周期。在这 4 个阶段中，投资者在第二个阶段介入时，是比较有利可图的，特别是在这个阶段的中后期介入，成功的可能性是相当高的。

图 4-28 查看十大流通股东数据

步骤 5 单击相应股东右侧的"持股详情 - 点击查看"超链接，即可通过图表查看大股东的历史持股情况，如图 4-29 所示。股东情况变动很重要，但不能迷信，要用动态的眼光去看待股东情况变化，避免被纯粹的数字所迷惑，从而增加购买股票的准确率。当然，投资者还要综合考虑其他各个方面的因素确定是否买卖。

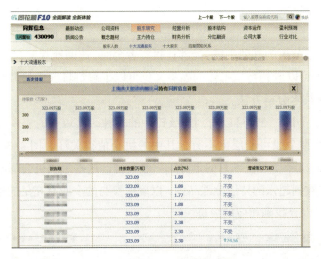

图4-29　查看股东历史持股情况

专家提醒

投资者有必要对股东人数变动情况进行统计分析，从而更好地把握大盘与个股的动向。在具体分析过程中要特别注意如下几个要点。

（1）滞后性：就股东人数的数据，目前绝大多数股民只能从年报、中报、季报中获取。年报的数据往往滞后3～4个月，中报也要滞后1～2个月。

（2）变动性：例如，配股、增发都会影响到股东人数的变化。送股虽不会影响股东人数，但是会影响到个人持股数，这种情况在分析数据时必须充分考虑。

（3）片面性：股价涨跌还会受到大盘走势、政策、国际形势、资金状况、业绩好坏、题材多少等因素的影响，投资者需要配合其他基本面分析和技术分析，多角度、全方位、立体化地研判个股和大势。

（4）欺骗性：某些主力机构也会利用这种股东情况变动的分析方法来误导散户，成为掩护其操作方向的工具。

4.5 要素4：根据技术分析选股

在股市中，只了解行情是站不稳的，更要有足够的技术分析判断能力。技术分析就是为了预测市场的变动趋势，应用各种常用的技术指标进行分析市场的工具，利用它可以分析市场的动向。技术分析的目的是为了预测市场变动趋势，技术分析应用数学和逻辑上的方法，从价格、成交量和时间周期等方面进行判断，挑选出优质股。

4.5.1 利用 K 线选股

K 线图是股票分析的基础手段，能够让投资者全面、透彻地观察到市场的真正变化。从 K 线图中，既可以看到行情整体的趋势，也可以了解每日股市的波动情形，是目前最为流行的股票技术分析方法。

在大牛市行情中，经常可以看到连续拉升的品种，其短期的表现异常突出，收益也相当可观。此类个股可能层出不穷，其中的机会值得关注。图 4-30 所示为新金路（000510）于 2021 年 1 月至 5 月的走势。一般而言，这些短线机会都是进行追涨的操作，因此需要寻找到超强的持续上涨品种，以确保参与的个股有充足的短期获利机会，而这从 K 线上可以寻找到相应的痕迹。

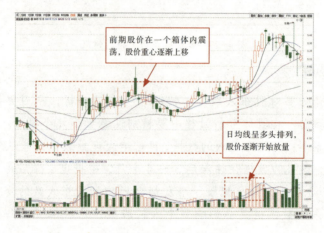

图 4-30　新金路 K 线分析

选股重在对选股时机的把握，这要遵守一个重要的原则——不在下降途中抄底（因为不知何时是底）。只选择趋势确立时的股票，在趋势确立的股票中，发现走势最强、涨势最好的股票进行操作。

从 K 线上进行分析，那些持续上扬的个股一般都有两种情况：一是离历史高位较远，目前价位远远低于该股的平均市场成本，上涨阻力极小；二是股价正处于历史新高，而且技术上盘整较为充分，筹码已经被大资金掌握，急拉后快速脱离成本区域。

专家提醒

市场通常的运行规律是：如果某只股票创了新高（或近期新高），那么未来一段时间里再创新高的可能性很高；相反，如果某只股票创了新低（或近期新低），那么在一段的时间里再创新低的可能性也很大。投资者需要记住一点：下降通道中的股票可能会让你赔钱或输掉盈利的时间。

4.5.2 利用均线选股

移动平均线（Moving Average，MA）原本的意思是移动平均，由于我们将其制作成线形，所以一般称之为移动平均线，简称均线，它是将某一段时间的收盘价之和除以该周期，如图4-31所示。

图4-31　移动平均线

移动平均线常用线有5天、10天、30天、60天、120天和240天的指标。其中，5天和10天的短期移动平均线，是短线操作的参照指标，称作日均线指标；30天和60天的是中期均线指标，称作季均线指标；120天、240天的是长期均线指标，称作年均线指标。

投资者在选股的时候可以把移动平均线作为一个参考指标，移动平均线能够反映出价格趋势走向，所谓移动平均线就是把某段时间的股价加以平均，再依据这个平均值做出平均线图像。投资者可以将日K线图和平均线放在同一张图里分析，这样非常直观明了。

专家提醒

移动平均线最常用的方法就是比较证券价格移动平均线与证券自身价格的关系。

- 当证券价格上涨，高于其移动平均线，则产生购买信号。
- 当证券价格下跌，低于其移动平均线，则产生出售信号。

之所以产生此信号，是因为人们认为，移动平均线中的"线"是支撑或阻挡价格的有力标准。价格应自移动平均线反弹。若未反弹而突破，那么它应继续在该方向上发展，直至找到能够保持的新水平面。

4.5.3 利用形态分析选股

形态分析是技术分析领域中比较简明实用的分析方法，把股价走势中若干典型的形态作出归纳，并命名之。形态分析是通过将几天的K线组合，扩大到几十天甚至一段的时期，这些众多的K线就组成了若干不同的轨迹形态，通过研究股价走过的这些轨迹，来分析多空双方力量的对比变化，并作出相应的判断，从而指导实际的操盘。

下面介绍利用形态分析选股的方法。

步骤① 在菜单栏中，单击"智能"→"形态选股"命令，如图4-32所示。

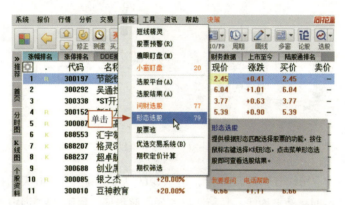

图4-32 单击"形态选股"命令

步骤② 执行操作后，弹出"形态选股方案"对话框，默认进入"实际形态"界面，用户可以在列表框中选择相应方案，单击"执行选股"按钮，如图4-33所示。

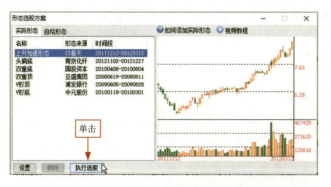

图4-33 单击"执行选股"按钮

步骤③ 执行操作后，弹出"选股结果"对话框，系统会自动计算出选股结果，如图4-34所示。

步骤 4 如果用户对选股结果不满意,可以单击"设置"按钮,弹出"形态方案设置"对话框,用户可以设置"形态匹配度""形态匹配条件"等选项,单击"重新选股"按钮,如图4-35所示,即可重新匹配出更符合要求的股票。

图 4-34　计算出选股结果

图 4-35　单击"重新选股"按钮

步骤 5 在"形态选股方案"对话框中切换至"自绘形态"选项卡,单击"自绘形态"按钮,如图4-36所示。

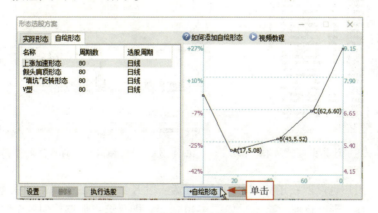

图 4-36　单击"自绘形态"按钮

专家提醒

　　形态选股的关键是能抓取到反转或加速上扬的走势形态,包括像头肩底、W底、矩形突破、三角形突破等传统的反转形态,当然投资者也可以根据经验,借助软件工具抓取自定义的形态模型。

步骤 6 执行操作后,即可新建一个自绘形态,用户可以在右侧的图形上绘制需要的形态,如图4-37所示。

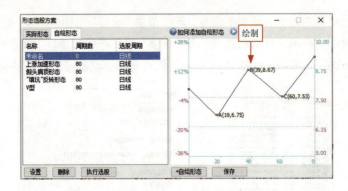

图 4-37　自绘形态

步骤 ⑦ 单击"执行选股"按钮，即可计算出选股结果，如图 4-38 所示。

步骤 ⑧ 使用鼠标左键双击相应的股票名称，即可查看相似形态的具体走势，如图 4-39 所示。

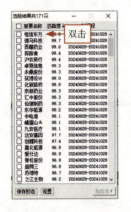

图 4-38　计算出选股结果

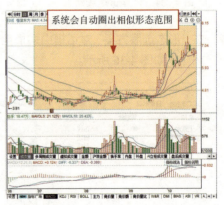

图 4-39　查看相似形态的具体走势

步骤 ⑨ 用户也可以在走势图上用鼠标框选一段 K 线，然后在弹出的快捷菜单中选择"形态选股"选项，如图 4-40 所示，即可选出形态相似的个股。

图 4-40　选择"形态选股"选项

专家提醒

依照当前个股近期的 K 线形态，找出市场中其他个股在历史上与之相似的形态，然后用这段相似形态后面的 K 线走势作为对当前个股未来走势的预测，并通过统计多个相似形态后期的收益率来测算当前个股未来的收益率。

步骤 ⑩ 在走势图上用鼠标框选一段 K 线后，在弹出的快捷菜单中选择"形态保存"选项，将弹出"保存形态方案"对话框，输入相应的形态名称，如图 4-41 所示，单击"确定"按钮，即可保存相应的形态方案。

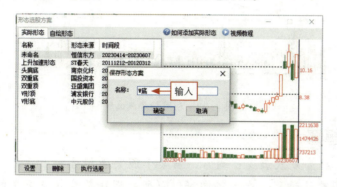

图 4-41　输入相应的形态名称

形态分析是一门重要的技术分析理论，其核心思想是利用历史相似的后期走势来预测当前股票未来的股价走势。股价的形态是对股票一切信息的合成。每一根 K 线都是由资金堆砌而成的，能真实地反映公司的基本面和主力的资金动态。如果投资者能掌握形态理论精髓，对趋势反转洞察先机，就可能在这个市场上赚得盆满钵满。

4.5.4 利用趋势线选股

趋势线就是用图形的方式显示数据的预测趋势，可用于预测分析，也叫作回归分析。运用趋势线可以在图表中扩展趋势线，即根据实际数据预测未来数据。

炒股有一个重要原则就是"顺势而为"，而不能"逆势而动"。其中，"势"就是大的方向和趋势，即股票价格运行的方向。通常情况下，趋势的方向有三种：上升趋势、下降趋势、水平趋势（无趋势）。

在股市中，投资者炒股只有通过低买高卖才能赚钱，所以选取具有上升趋势的个股尤为重要。也就是说，在选股的时候，得选取 K 线图形中每个后面的峰和谷都高于前面的峰和谷（即一底比一底高）的股票，如图 4-42 所示。

将具有上升趋势股票的两个相邻的低点依次相连，就得出上升趋势线。通常，上升趋势线对股价起一定的支撑作用。上升趋势线一旦形成，股价将在趋势线上方运行一段时间。根据这一原理，投资者可选取在上升趋势线上方的个股。

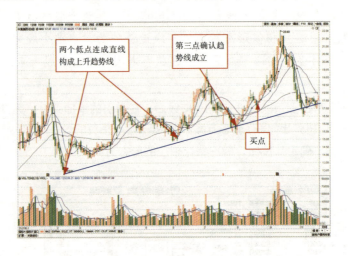

图 4-42　利用趋势线选股

价格以趋势方式演变：通常，当某个股突破趋势线上轨之时，多半会有一个回踩确认过程，在大势向好以及所在板块符合热点要求的情况之下可以选择在趋势线位置买进以博取短线利润，多半会迎来短线快速飙升的结果。

当某个股跌破趋势线下轨之时，只要三天之内能够收复趋势线，那么可能是市场主流资金为了获得低价筹码而大力做空，后面往往会迎来一个阶段的波段拉升。

第5章
基本分析 通晓股票涨跌

学前提示

　　从"面"看盘主要是指从股票投资的基本面分析行情的走势，包括宏观经济重大突发事件以及行业形势等，这些基本面与股票价格的涨跌有非常密切的联系，本章将分别对其进行介绍。

要点展示

　　≫　基本面分析方法概述
　　≫　分析1：利用宏观经济信息
　　≫　分析2：利用行业信息
　　≫　分析3：利用公司信息

5.1 基本面分析方法概述

基本面分析又称基本分析，是以证券的内在价值为依据，着重于对影响证券价格及其走势的各项因素的分析，以此决定投资购买何种证券及何时购买。基本面分析的主要内容如图 5-1 所示。

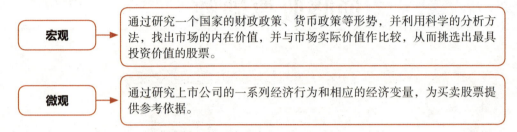

图 5-1　基本面分析的主要内容

基本面分析的假设前提是：证券的价格是由其内在价值决定的，价格受政治、经济、心理等诸多因素的影响而频繁变动，很难与价值完全一致，但总是围绕着价值上下波动。理性的投资者应根据证券价格与价值的关系进行投资决策。

股票市场基础分析主要侧重于从股票的基本面因素，如宏观经济、行业背景、企业经营能力、财务状况等对公司进行研究与分析，试图从公司角度找出股票的"内在价值"，从而与股票市场价值进行比较，挑选出具有投资价值的股票。

专家提醒

价值投资与基本面分析的关系是如此的水乳交融，可以说没有基本面分析就无所谓什么价值投资，它是构成价值投资最基本的基石，或者说价值投资绝大多数的工作就是在做基本面分析。

5.2 分析 1：利用宏观经济信息

经济形势的重大变动，会对股市产生直接的影响，股市的反应也更为明显。例如，在不同的经济阶段，国家会颁布不同的相关税收政策、产业政策和货币政策等。

5.2.1 GDP 对股市的影响

GDP（Gross Domestic Product，国内生产总值）是指经济社会（即一个国家或地区）

在一定时期内运用生产要素所生产的全部最终产品（物品和劳务）的市场价值，也就是国内生产总值。它是对一国（地区）经济在核算期内所有常住单位生产的最终产品总量的度量，常常被看成显示一个国家（地区）经济状况的一个重要指标。

GDP 的衰退或增长可体现为大盘指数的涨跌，从而影响所有个股的走势，GDP 大幅增长，反映出该地经济发展蓬勃。

GDP 与股价的关系为：在经济繁荣时期，企业经营良好，盈利多，股价上涨；经济不景气时，企业利润下降，股价疲软下跌。即 GDP 或相关产业增加值呈上升趋势时，是选择股票的好时机。

图 5-2 所示为 2006 年 1 季度 ~ 2021 年 3 季度的 GDP 对比数据。

图 5-2　GDP 对比数据（数据来源：东方财富网）

图 5-3 所示为 2021 年 1 季度 ~ 3 季度的上证指数 K 线图。

图 5-3　上证指数 K 线图

如图 5-4 所示，由于受大盘整体下跌的趋势影响，许多个股在 2021 年 1 季度这段时间中，行情变化也呈现出整体下跌的变化趋势。

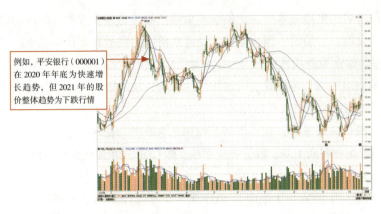

例如，平安银行（000001）
在 2020 年年底为快速增
长趋势，但 2021 年的股
价整体趋势为下跌行情

图 5-4　平安银行 K 线图

5.2.2　通货膨胀对股市的影响

通货膨胀风险（Inflation Risk）又叫"购买力风险"，是指由于通货膨胀因素使银行成本增加或实际收益减少的可能性。

当发生通货膨胀时，由于公司产品价格的上涨，股份公司的名义收益会增加，特别是当公司产品价格的上涨幅度大于生产费用的涨幅时，公司净盈利增加，此时股息会增加，股票价格也会随之提高，普通股股东可得到较高收益，可部分减轻通货膨胀带来的损失。但需要指出的是，通货膨胀风险对不同股票的影响是不同的。

例如，在 20 世纪 70 年代中期到 80 年代，美国企业设法使其每股收益的增长速度达到与通胀率大致相当的水平（10% 左右）。然而，为了保护股东价值，这些企业实际上必须将其盈利增长速度提高到 20% 左右。这种差距正是那些年股市回报疲软的主要原因之一。

5.2.3　利率对股市的影响

利率（Interest Rates）又叫利息率，是衡量利息高低的指标，是一定时期内利息额和本金的比率。其计算公式为：利率 = 利息 ÷ 本金。

利率是影响市场的重要经济指标，在经济萧条时期，降低利率可刺激经济发展，而在通货膨胀时期，提高利率可抑制经济恶性发展。通常，利率的升降与股价的变化呈反比，如图 5-5 所示。

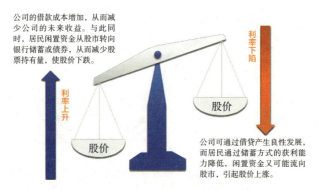

公司的借款成本增加，从而减少公司的未来收益。与此同时，居民闲置资金从股市转向银行储蓄或债券，从而减少股票持有量，使股价下跌。

利率上升

股价

利率下陷

股价

公司可通过借贷产生良性发展，而居民通过储蓄方式的获利能力降低，闲置资金又可能流向股市，引起股价上涨。

图5-5 利率对股市的影响

专家提醒

需要注意的是，利率与股价变化并非绝对成反比，在某些特殊情况下，当行情暴涨时，利率的调整对股价的控制作用不大。同样，当行情暴跌时，即使出现利率下降的调整政策，也可能会使股价回升乏力。

5.2.4 经济周期对股市的影响

经济周期（Business cycle）也称商业周期、商业循环、景气循环，它是指经济运行中周期性出现的经济扩张与经济紧缩交替更迭、循环往复的一种现象，是国民总产出、总收入和总就业的波动。

专家提醒

在现代宏观经济学中，经济周期发生在实际GDP相对于潜在GDP上升（扩张）或下降（收缩或衰退）的时候。每一个经济周期都可以分为上升和下降两个阶段。上升阶段也称为繁荣，最高点称为顶峰。经济从一个顶峰到另一个顶峰，或者从一个谷底到另一个谷底，就是一个完整的经济周期。

经济周期可以分为繁荣、衰退、萧条和复苏4个阶段，如图5-6所示。对不同类型的行业，其受经济周期的影响程度也不同。

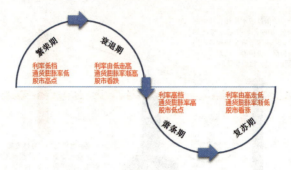

图 5-6　经济周期对股市的影响

5.2.5 存款准备金率对股市的影响

存款准备金，也称为法定存款准备金或存储准备金（Deposit reserve），是指金融机构为保证客户提取存款和资金清算需要而准备的在中央银行的存款。中央银行要求的存款准备金占其存款总额的比例就是存款准备金率（deposit-reserve ratio），这个指标常常被央行用来调节宏观经济的运行。

存款准备金率的高低会影响利率的高低，而利率的高低影响着证券价格的高低。一般而言，存款准备金率上升，利率会有上升压力，这是实行紧缩的货币政策的信号。存款准备金率是针对银行等金融机构的，对最终客户的影响是间接的；利率是针对最终客户的，比如你存款的利息，是可以直接影响到客户的。

对于银行机构来说，降低存款准备金率，则银行可运用的资金就增加了，因此是一种利好消息。另外，对有融资需求的企业来说，也是间接的利好消息。如图 5-7 所示，为 2007 年 1 月至 2021 年 12 月的中国存款准备金率走势图及其对股市的影响。

图 5-7　中国存款准备金率走势图及其对股市的影响（数据来源：东方财富网）

从图 5-7 中可以看到，2021 年 7 月 15 日，存款准备金率下降 0.5%，而当天上证指数则上涨 0.67%，如图 5-8 所示。从长远来看，降低存款准备金率可以在一定程度上刺激市场需求，为股市的崛起打好基础。

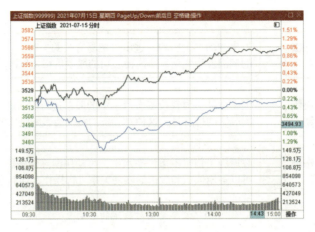

图 5-8　上证指数分时图

5.2.6 汇率对股市的影响

汇率亦称"外汇行市或汇价"，是指一国货币兑换另一国货币的比率，是以一种货币表示另一种货币的价格。由于世界各国货币的名称不同，币值不一，所以一国货币对其他国家的货币要规定一个兑换率，即汇率。

汇率是国际贸易中重要的调节杠杆。因为一个国家生产的商品都是按本国货币来计算成本的，要拿到国际市场上竞争，其商品成本一定会与汇率相关。汇率的高低也就直接影响该商品在国际市场上的成本和价格，直接影响商品的国际竞争力。

通常情况下，股市的涨跌是供求关系的表现，而影响供求关系的因素又是多方面的。单就汇率问题，一般而言，一国对外币的汇率上升将导致更多的外币兑换本币，促进本币的需求。

专家提醒

货币政策是政府调控宏观经济的基本手段之一。由于社会总供给和总需求的平衡与货币供给总量与货币需求总量的平衡相辅相成，因而宏观经济调控的重点必然立足于货币供给量。货币政策主要针对货币供给量的调节和控制展开，进而实现诸如稳定货币、增加就业、平衡国际收支、发展经济等宏观经济目标。

对于一个开放的市场来说，用外币换取的本币将有可能进入股票市场，进而增大股市资金来源，促使股票升值。而另一方面，在无央行外升货币时，本币的大量流失将导致股市资金流向汇市，致使股市下跌；反之亦然。汇率变动对于股市的影响如图 5-9 所示。

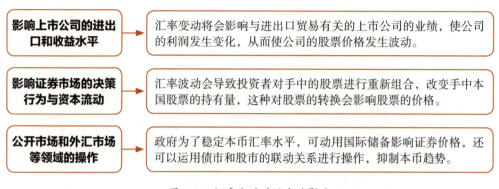

图 5-9　汇率变动对股市的影响

5.2.7　物价变动对股市的影响

通常所说的物价其实就是生产价格，而生产价格是由部门平均生产成本加上社会平均利润构成的价格，生产价格就是价值的转化形态。物价变动对股票市场有重要影响，如图 5-10 所示。

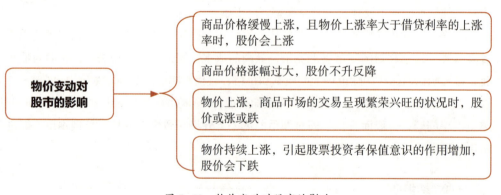

图 5-10　物价变动对股市的影响

5.2.8　政治因素对股市的影响

政治与经济是紧密联系的，如果发生具有较大影响的国际政治活动，通常就会对国际经济形势产生较大影响，从而股票价格也会产生波动。而从国内来看，如果国家对政治政策进行调整变动，或者是有影响广泛的经济政策以及相关法律法规出台，对股票价格也会产生明显的影响，如图 5-11 所示。

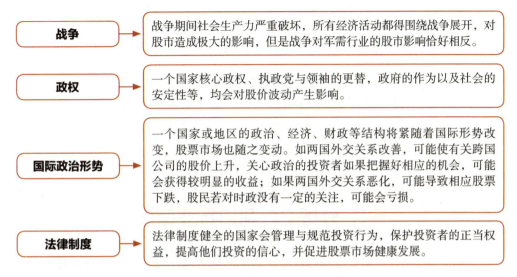

战争	战争期间社会生产力严重破坏，所有经济活动都得围绕战争展开，对股市造成极大的影响，但是战争对军需行业的股市影响恰好相反。
政权	一个国家核心政权、执政党与领袖的更替，政府的作为以及社会的安定性等，均会对股价波动产生影响。
国际政治形势	一个国家或地区的政治、经济、财政等结构将紧随着国际形势改变，股票市场也随之变动。如两国外交关系改善，可能使有关跨国公司的股价上升，关心政治的投资者如果把握好相应的机会，可能会获得较明显的收益；如果两国外交关系恶化，可能导致相应股票下跌，股民若对时政没有一定的关注，可能会亏损。
法律制度	法律制度健全的国家会管理与规范投资行为，保护投资者的正当权益，提高他们投资的信心，并促进股票市场健康发展。

图 5-11　政治因素对股市的影响

专家提醒

国际重大政治事件的发生会直接导致股价出现明显的波动，投资者可以根据不同的政治形势来判断相关公司的股票股价走势，从而采取相对应的投资策略。

5.2.9　自然因素对股市的影响

自然灾害对股价的影响产生于灾害对实物资产的损害。灾害发生时，影响了生产，股价随之下跌，但是另一方面，灾后的重建刺激生产的扩张，相关行业的股价会有一定程度的上升。

例如，2002 ~ 2003 年期间，非典所导致的直接损失虽然并不大，但却严重影响了人们的正常生产和生活，部分行业损失严重。

因此，国家做出"一手抓防治非典不放松、一手抓经济建设中心不动摇"的重大战略决策，加大了对农业和农村经济、中小企业、服务业等受非典影响较大行业的支持力度。

在这种有效的宏观政策调控下，股市受到非典的负面影响被有效控制。如图 5-12 所示。2003 年 2 季度股市的增长速度暂时下降到 6.7% 之后，3 季度很快恢复到 9.1% 的水平。

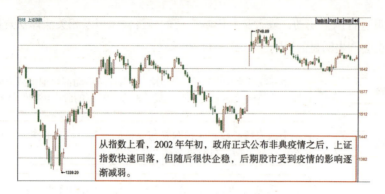

从指数上看，2002 年年初，政府正式公布非典疫情之后，上证指数快速回落，但随后很快企稳，后期股市受到疫情的影响逐渐减弱。

图 5-12　自然因素对股市的影响

5.3 分析 2：利用行业信息

虽然宏观经济因素对股市的影响很大，但是在同一经济形势下，行业形势的分析对看盘也是十分重要的。

5.3.1 行业的分类

行业在国民经济中地位的变更，行业的发展前景和发展潜力，新兴行业引来的冲击以及上市公司在行业中所处的位置、经营业绩、经营状况、资金组合的改变及领导层的人事变动等，都会影响相关股票的价格。

我们研究的课题是对股票影响的因素有哪些，因为股票是行业的融资平台，它可以使行业有更大的发展，所以行业的不同对股票的影响也不同。

股票市场中行业的分类有 A 农、林、牧、渔业；B 采矿业；C 制造业；D 电力、燃气及水的生产和供应业；E 建筑业；F 交通运输、仓储和邮政业；G 信息传输、计算机服务和软件业；H 批发和零售业；I 住宿和餐饮业；J 金融业；K 房地产业；L 租赁和商务服务业；M 科学研究、技术服务和地质勘查业；N 水利、环境和公共设施管理业；O 居民服务和其他服务业；P 教育；Q 卫生、社会保障和社会福利业；R 文化、体育和娱乐业；S 公共管理与社会组织；T 国际组织。

5.3.2 行业的性质

行业性质，是从理论上对社会上的大多数行业划分，根据行业中从事的业务、对社会的贡献程度等，划分不同行业所属的类别，如制造业、服务业、农业等，如图5-13 所示。

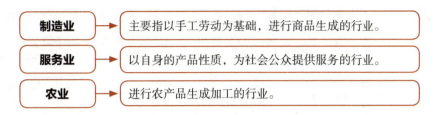

制造业	主要指以手工劳动为基础，进行商品生成的行业。
服务业	以自身的产品性质，为社会公众提供服务的行业。
农业	进行农产品生成加工的行业。

图 5-13　行业的性质

5.3.3 行业的生命周期

行业生命周期(Industry life cycle)的曲线形状和产品生命周期的曲线形状大致相同，都呈现 S 型，都经过导入期、成长期、成熟期和衰退期（或蜕变期）四个阶段。如图 5-14 所示。行业生命周期的每个阶段没有明显的界限，敏锐地判断行业新阶段的到来，并且提前做好相应的战略准备，才能在竞争中处于优势地位。

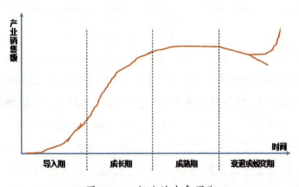

图 5-14　行业的生命周期

处于不同行业生命周期的企业行为存在着显著的差异，如企业战略、企业能力、组织结构、投资与风险、企业重组与并购、竞争行为等。可见，投资不同阶段的企业股票，应该制定不同的战略。行业生命周期各阶段特征如表 5-1 所示。

表 5-1　行业生命周期各阶段特征

特征	导入期	成长期	成熟期	衰退期
消费者数量	少	增加	大众	减少
产量	低	增加	稳定	减少
市场增长率	较高	很高	不高，趋于稳定	降低，负值
利润	较低，甚至为负	增加	最高	降低

续表

特征	导入期	成长期	成熟期	衰退期
竞争	对手数量少，不激烈	对手数量增加，开始激烈	对手数量最多，竞争最激烈	对手数量减少，竞争激烈程度降低
企业规模	较小	扩大	最大	降低或增加
产品品种	单一	增加品种	较多	减少
技术	不稳定	趋于稳定	稳定	落后
行业进入壁垒	低	提高	最高	企业退出该行业

专家提醒

　　同时，处于相同生命周期阶段的行业，其所属股票价格通常也会呈现相同的特性，所以根据以上对某个行业内的企业进行生命周期分析后，投资者就可以分析股票的涨跌与未来价值，进而更准确地进行投资。

5.3.4 行业分析的方法

　　投资者在进行基本面分析时，首先要考虑大的经济环境，然后考察这个行业的现状，最后考虑的才是公司。行业是联系宏观经济与经济的桥梁，炒股经常讲的板块轮动，就可以从行业状况中推测一二，如产业振兴规划或者行业拐点的确立等，行业的重大政策或者明显复苏会造成板块的活跃，从而帮助投资者抓住热门板块。

　　一般情况下，投资者可以从网络和生活两个方面获得各类行业信息。

　　（1）网络：大型的财经类网站，这种网站会定期提供一些行业的最新信息，行业研究分析报告。图5-15所示为和讯网的股票频道。

　　（2）生活：在日常生活中，投资者也需要多关注身边的行业。例如，买菜时可关注农业，超市购物时可关注零售业，银行存取款时可关注金融业，看到周围楼房的建设时可关注房地产业。投资者还可以关注自己所从事的行业，知道一些大型网站定期发布的行业数据，判断行业的发展，这些经验是需要日积月累的。

图 5-15　和讯网的股票频道

> **专家提醒**
>
> 　　行业的市场分析牵扯到公司的核心竞争力，也就是公司的"安全壁垒"。有些公司掌握核心技术，有些公司是高壁垒企业，这样就会持续产生巨额的利润，而且不会被不断地复制而导致产能过剩，但是这并不代表这样的公司就一定值得投资，还要关注这个公司的价位。

5.4　分析3：利用公司信息

　　把上市公司的经营信息与盘面信息结合起来分析并在实战中加以利用，是职业机构套利的常用技术。普通投资者应重视上市公司信息的公布，同时建立起自己的股票信息收集分析方法。

5.4.1　计算上市公司的净资产

　　净资产就是所有者权益，是指所有者在企业资产中享有的经济利益，其金额为资产减去负债后的余额。所有者权益包括实收资本（或者股本）、资本公积、盈余公积和未分配利润等。

　　其计算公式为：净资产＝所有者权益（包括实收资本或者股本、资本公积、盈余公积和未分配利润等）＝资产总额－负债总额

　　每股净资产值反映了每股股票代表的公司净资产价值，是支撑股票市场价格的重要基础。每股净资产值越大，表明公司每股股票代表的财富越雄厚，通常创造利润的

能力和抵御外来因素影响的能力越强。净资产收益率是公司税后利润除以净资产得到的百分比率，用以衡量公司运用自有资本的效率。

5.4.2 利用报表分析上市公司

投资者应从多层面看待上市公司季报所反映的信息，以便在风险与收益权衡中取得理想的投资回报。下面介绍通过某软件分析上市公司财务报表的操作方法。

步骤 ① 进入上市公司的"个股资料"界面后，切换至"财务概况"页面，可以查看相关的财务指标，如图 5-16 所示。

图 5-16 查看相关的财务指标

专家提醒

运用财务指标，我们一般考虑几个方面：净资产收益率高，利润总额不低，产品毛利率稳定而且高，预收账款多，应收账款少。运用以上财务指标便可选得一些优质的股票。财务指标分析是指总结和评价企业财务状况与经营成果的分析指标，包括偿债能力指标、运营能力指标、盈利能力指标和发展能力指标。对于上市公司来说，较为重要的财务指标是每股收益、每股净资产和净资产收益率。

步骤 ② 在"指标变动说明"选项区中，可以查看相应的变动科目和原因，以及对股价的影响；在"资产负债构成"选项区中，可以分析企业资产的来源和构成情况，进而判断企业的生产经营情况，如图 5-17 所示。

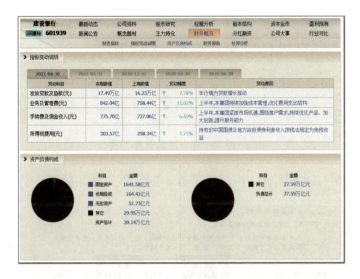

图 5-17　"指标变动说明"选项区和"资产负债构成"选项区

步骤 3　在"杜邦分析结构图"选项区中，能够帮助投资者综合分析企业的财务状况，如图 5-18 所示。

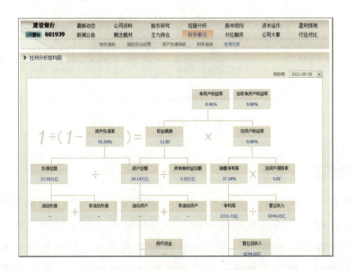

图 5-18　"杜邦分析结构图"选项区

步骤 4　在导航栏中单击"财务报告"按钮，切换至"财务报表查看"页面，用户可以根据时间选择要查看的报表，如图 5-19 所示。

建设银行	最新动态	公司资料	股东研究	经营分析	股本结构	资本运作	盈利预测
601939	新闻公告	概念题材	主力持仓	财务概况	分红融资	公司大事	行业对比
		财务指标	指标变动说明	资产负债构成	财务报告	杜邦分析	

> 财务报告查看

年份	一季报	中报	三季报	年报	年报审计意见
2021	■	■	■	…	
2020	■	■	■	■	标准无保留意见
2019	■	■	■	■	标准无保留意见

图 5-19 "财务报表查看"页面

步骤⑤ 在新打开的网页窗口中，即可查看上市公司的详细财务报表，如图 5-20 所示。

1 主要财务数据

1.1 主要会计数据和财务指标

本季度报告所载财务资料按照中国会计准则编制，除特别注明外，为本行及所属子公司（统称"本集团"）数据，以人民币列示。

（除特别注明外，以人民币百万元列示）	截至2021年9月30日止三个月	比上年同期增减(%)	截至2021年9月30日止九个月	比上年同期增减(%)
营业收入	208,073	14.12	624,405	9.27
净利润	79,067	15.14	233,173	12.31
归属于本行股东的净利润	78,853	15.61	232,153	12.79
扣除非经常性损益后归属于本行股东的净利润	78,976	15.69	232,026	12.64
经营活动产生的现金流量净额	不适用	不适用	473,225	(22.51)
基本和稀释每股收益（人民币元）	0.32	18.52	0.93	13.41
年化加权平均净资产收益率(%)	13.26	上升0.98个百分点	13.15	上升0.62个百分点
	2021年9月30日		2020年12月31日	增减(%)
资产总额	30,135,551		28,132,254	7.12
归属于本行股东权益	2,522,495		2,364,808	6.67

图 5-20 查看上市公司的详细财务报表

专家提醒

财务报表（Financial statements）是指在日常会计核算资料的基础上，按照规定的格式、内容和方法定期编制的，综合反映企业某一特定日期的财务状况和某一特定时期的经营成果、现金流状况的书面文件。财务报表的内容大致可以分为 4 大部分：资产负债表、损益表、股东权益变动表、现金流量表。通过这些报表，投资者就可以简单地了解一个公司究竟赚不赚钱？值不值得投资？

5.4.3 公司经营管理能力分析

对于具体的个股而言，影响其价位高低的主要因素在于企业本身的内在素质，包括财务状况、经营情况、管理水平、技术能力、市场大小、行业特点、发展潜力等一系列因素。企业是市场经济的主体，了解企业、搞好企业是投资者、贷款者、经营者和管理部门最为关注的问题。

下面介绍通过某软件分析上市公司经营管理能力的操作方法。

步骤 ① 进入上市公司的"个股资料"界面后，切换至"经营分析"页面，在此可以查看公司的运营业务数据，如图 5-21 所示。公司的运营业务数据分析是指分析公司的产品种类是否齐全、在同行业生产的品种中持有的品种数、这些品种在市场的生命周期和各品种的市场占有分析。

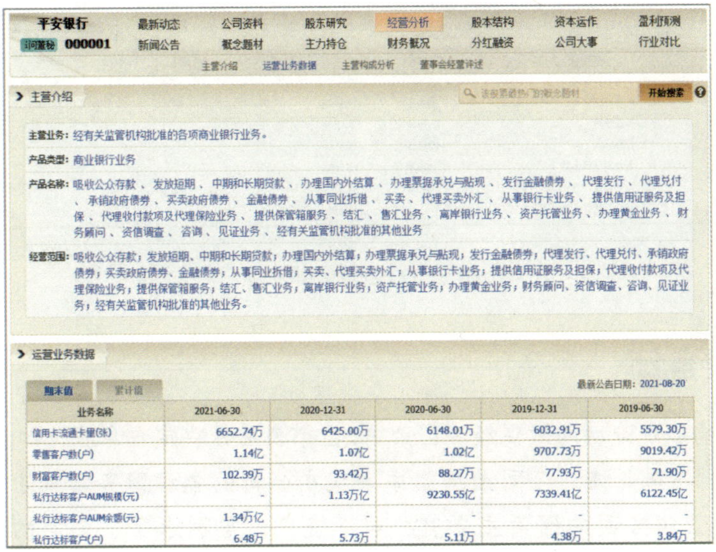

图 5-21　"经营分析"页面

步骤 ② 在导航栏中单击"主营构成分析"超链接，用户可以查看上市公司的营业收入、营业成本、利润比例等数据，如图 5-22 所示。

> **专家提醒**
>
> 营业收入是指企业在从事销售商品、提供劳务和让渡资产使用权等日常经营业务过程中所形成的经济利益的总流入。营业收入对公司价值的影响最为明显，相比净利率、资产收益率等指标也更易达成，更具可扩展性。

上市公司的经营管理会对经营业绩产生间接影响，公司的成长性是影响公司股价波动的内生因素与重要指标，是对股价形成机制与影响因素的本质考量。因此，投资者要学会研究公司的经营管理能力，发现与挖掘上市公司股票的内在价值。

图 5-22　主营构成分析

在影响股价波动的微观经济因素中，上市公司是决定自身股价的主要因素。

（1）公司业绩。公司业绩集中表现在公司的各种财务指标上，影响股价的公司业绩方面的因素主要有公司净资产、盈利水平、公司的派息、股票拆细和股本扩张、增资和减资以及营业额等。总体来说就是公司的收益性、公司的获利能力以及公司的利润情况是决定公司股票价格的根本因素。

（2）公司的成长性。公司的成长性也就是公司的扩展经营能力，对公司的成长性进行分析就是对公司的发展前景的判断，关注的不是短时间内的股价波动，而是对公司股票投资的长期效益。

（3）资产重组与收购。这是上市公司为了实现规模效益或扭亏为盈，采取兼并重组方式，对公司进行的重大组织变动。我国的许多亏损或微利的国有大中型上市公司通过资产重组，实现了产业结构的调整和转型。目前，资产重组的模式主要有资产置换、优质资产注入和不良资产剥离。上市公司的收购是股市最具有活力的现象，举牌收购往往伴随着股价的急升。

第6章
技术分析 精通股票走势

学前提示

　　证券市场的价格是复杂多变的，投资者在这个市场上进行投资时都要有一套方法来制定或选择投资策略进行投资。股票技术分析是以预测市场价格变化的未来趋势为目的，通过对历史图表中市场价格的变化进行分析的一种方法，也是证券投资市场中非常普遍应用的一种分析方法。

要点展示

　　≫ 炒股技术分析方法概述
　　≫ 分析1：利用K线技术分析
　　≫ 分析2：利用趋势线技术分析
　　≫ 分析3：利用形态技术分析
　　≫ 分析4：利用指标技术分析

6.1 炒股技术分析方法概述

技术分析是指以市场行为为研究对象，以判断市场趋势并跟随趋势的周期性变化来进行股票及一切金融衍生物交易决策的方法的总和。技术分析认为市场行为可以包容消化一切。

股票投资的分析方法主要有3种，即基本分析、技术分析、演化分析。其中，基本分析主要应用于投资标的物的选择上，技术分析和演化分析作为提高投资分析有效性和可靠性的重要手段，则主要应用于具体投资操作的时间和空间判断上，如图6-1所示。

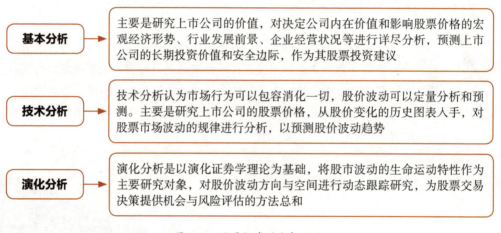

图 6-1　股票投资的分析方法

整体看来，技术分析的基本观点是：所有股票的实际供需量及其背后起引导作用的种种因素，包括股票市场上每个人对未来的希望、担心、恐惧等，都集中反映在股票的价格和交易量上。

> **专家提醒**
>
> 股票技术分析的理论基础是"空中楼阁"理论。"空中楼阁"理论的倡导者是约翰·梅纳德·凯恩斯（John Maynard Keynes），他认为股票价值虽然在理论上取决于其未来收益，但由于进行长期预期相当困难和不准确，故投资者应把长期预期划分为一连串的短期预期。而一般投资者在预测未来时都遵守一条成规：除非有特殊理由预测未来会有改变，否则即假定现状将无定期延续下去。约翰·梅纳德·凯恩斯认为："股票价格乃代

表股票市场的平均预期，循此成规所得的股票价格，只是一群无知无识群众心理之产物，当群意骤变时，股价自然就会剧烈波动。"

6.2 分析1：利用 K 线技术分析

K线据说起源于18世纪日本的米市，当时日本的米商用来表示米价的变动情况，后被引用到证券市场，成为股票技术分析的一种理论。

6.2.1 K 线的基本形态

K线图是表示单位时间段内价格变化情况的技术分析图，就是将各种股票每日、每周、每月的开盘价、收盘价、最高价、最低价等涨跌变化状况，用图形的方式表现出来。因为其绘制出来的图标形状类似于一根根的蜡烛，加上这些蜡烛有黑白之分，因此也称阴阳线图表。

首先找到该日或某一周期的最高和最低价，垂直地连成一条直线，然后再找出当日或某一周期的开盘和收盘价，把这两个价位连接成一条狭长的长方柱体。图6-2所示为 K 线的基本形态。

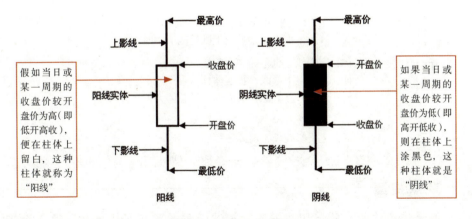

图 6-2　K 线的基本形态

6.2.2 各种图形影线的意义

K线图是股票分析的基础手段，能够让我们全面透彻地观察到市场的真正变化，从 K 线图中，既可以看到行情整体的趋势，也可以了解股市每日的波动情形。

根据 K 线图上下影线和中间柱体的长短不同，阳线不同的形态有各自不同的含义。在 K 线图中，空实心的柱形、影线的长度都直接反映出价格的变动，影线与柱形的组合也是投资者必须要了解的，具体如表 6-1 所示。

表 6-1　各种图形影线的意义

图形	意义
	名称：光脚阳线 特征：没有下影线，上影线长 分析：表示股价上涨时遇到强劲反压力道，这种 K 线若出现在高价区，则后市看跌
	名称：上吊阳线 特征：没有上影线，下影线长 分析：表示买方力道强劲，在价格下跌时，低价位上可以得到买方的支撑
	名称：假阳线 特征：上下影线短，实体柱长 分析：表示涨势强劲，股票价格坚挺
	名称：上影阳线 特征：上影线长，下影线短 分析：表示多空交战，多方更强势，经常表示反转信号。需要注意的是，出现大涨后，常代表后市可能下跌；而出现大跌后，则可能触底反弹
	名称：下影阳线 特征：上影线短，下影线长 分析：表示上涨力道强劲，下跌后能够收回
	名称：大阳线，也称为"太阳线" 特征：没有上下影线，长实体柱 分析：表示一路上涨，买方的力量总体大于卖方
	名称：小阳线 特征：上下影线长，实体柱短 分析：表示多空交战，力道均衡，行情不明

专家提醒

值得注意的是：收出阳线并不代表当日股价肯定是上涨的，这关键取决于当日开盘价的高低，如果是低开高走，涨幅为负，其收盘 K 线事实上仍为阳线。同理，收出阴线并不代表当日股价肯定是下跌的，也取决于当日开盘价的高低，如果是高开低走，最终涨幅虽然为正，但其收盘时 K 线仍为阴线。

6.2.3 掌握 K 线组合的规律

一些典型的 K 线或 K 线组合，会不断地重复出现，如果投资者掌握了这些规律，将在很大程度上提高胜算，如图 6-3 所示。

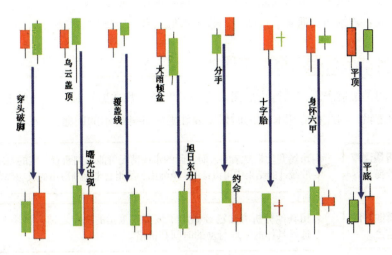

图 6-3 常见的 K 线组合

·穿头破脚：是中阳（阴）线和包线两根 K 线的组合，显示震荡幅度加大，进入变盘敏感区域。

·乌云盖顶：相反线的一种，是中阳线和切入阴线两根 K 线的组合，显示上涨遇到顽强抵抗，空头重新积聚力量。

·曙光出现：相反线的一种，是中阴线和切入阳线两根 K 线的组合，显示下跌遇到顽强抵抗，多头重新积聚力量。

·覆盖线：股价连续数天扬升之后，隔日以高盘开出，随后买盘不愿追高，大势持续滑落，收盘价跌到前一日阳线之内。这是超买之后所形成的卖压涌现，获利了结后股票大量释出之故，股价将可能下跌。

·大雨倾盆：见顶信号，后市看跌。阴线实体低于阳线实体部分越多，转势信号越强。

·旭日东升：形态之前股价必须要经过一轮明显的下跌趋势，次日大幅高开阳线的收盘价超越前一日阴线的开盘价（即实体之上）。

·分手：由两根具有相同开盘价，但是颜色相反的 K 线组成，这种形态代表了市场的继续信号，与约会线的形态刚好相反。

·约会：当两根颜色相反的 K 线具有相同的收市价时，就形成了一个"反击线形态"，也称"约会线形态"。

·十字胎：是中阳（阴）线和孕十字星两根 K 线的组合，显示原运动趋势出现整理信号，后市酝酿变盘。

· 身怀六甲：又称孕线，是中阳（阴）线和孕线两根K线的组合，怪异的走势显示该股可能会有大动作。

· 平顶：连续两日遇某高点回落，显示该高点有一定阻力。

· 平底：连续两日遇某低点回升，显示该低点有一定支撑。

6.2.4 K线分析要注意的事项

K线图是最能表现市场行为的图表之一，但是一些常见的K线组合形态并没有严格的科学逻辑，因此在应用K线的时候需要注意图6-4所示的问题。

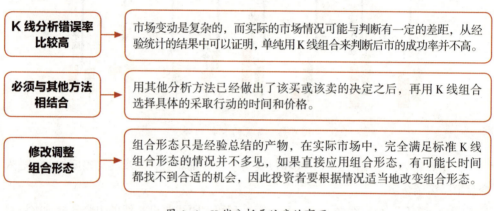

图 6-4　K线分析要注意的事项

┌─────────────────────────────────────┐

专家提醒

K线分析是靠人类的主观印象而建立的，并且是基于对历史的形态组合进行表达的分析方法之一。为了更深刻地了解K线组合形态，应该了解每种组合形态的内在和外在原理。因为它不是一种完美的技术，这一点同其他技术分析方法是一样的。

└─────────────────────────────────────┘

6.3 分析2：利用趋势线技术分析

趋势线是趋势分析的一种方法，趋势线分析方法简单好用，在判断股价趋势时有很好的效果。使用趋势线可以简单明确地把握股价走势，从而做到因势利导、顺势而为。

6.3.1 趋势线

实战投资者最重要的投资原则，就是顺势而为，即顺从股价沿最小阻力运行的趋势方向而展开操作，与股价波动趋势达到"天人合一"。

趋势的概念主要是指股价运行的方向，它是股价波动有序性特征的体现，也是股价随机波动中偏向性特征的主要表现。趋势根据时间的长短，可以划分为长期趋势、中期趋势和短期趋势。一个长期趋势一般由若干个中期趋势组成，而一个中期趋势由若干个短期趋势组成，如图 6-5 所示。

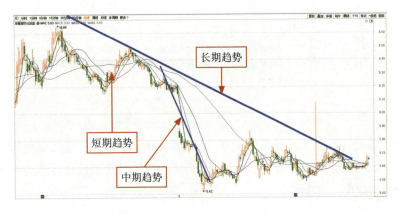

图 6-5　认识趋势线

所谓"一把尺子走天下"，其实指的就是趋势线的运用。投资者要时刻记住：趋势是你的朋友，永远要顺着趋势展开操作，不可逆势而为。学会使用趋势线来确定趋势的方向，对于投资者来说，这是必不可少的基本功之一。

专家提醒

在一个价格运动当中，如果其包含的波峰和波谷都相应地高于前一个波峰和波谷，那么就称为上涨趋势；相反，如果其包含的波峰和波谷都低于前一个波峰和波谷，那么就称为下跌趋势；如果后面的波峰与波谷都基本与前面的波峰和波谷持平的话，那么称为振荡趋势，或者横盘趋势，或者无趋势。

6.3.2 管道线

管道线又称通道线或轨道线，是在趋势线的基础上演化而来的一种进一步描述趋势、判断出入点的方法，管道线同样可以分为上升通道和下降通道两种，管道线实际上就是上升和下降趋势线的平行线，如图 6-6 所示。

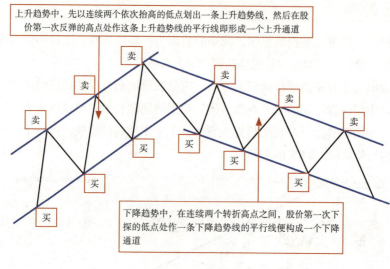

图 6-6　管道线

由于管道线是由上下两根线构成的，在买卖点上，比单根趋势线要更具体，而且所有趋势线的判断原则同样适用于管道线。除此之外，管道线的优点还表现为买卖点清晰、交易次数少、成功率高。

6.3.3　支撑线和压力线

支撑压力线是股票技术分析中常用的参考指标，当价格突破支撑压力线时，市场行情有可能发生反转，如图 6-7 所示。支撑线和压力线是可以相互转化的，突破压力线后压力线就转化为支撑线；同样，突破支撑线后支撑线就转化为压力线，这符合物极必反的原则。

当股价跌到某个价位附近时，股价停止下跌，甚至有可能还有回升，这个起着阻止股价继续下跌或暂时阻止股价继续下跌的价格就是支撑线所在的位置；当股价上涨到某价位附近时，股价会停止上涨，甚至回落，这个起着阻止或暂时阻止股价继续上升的价位就是压力线所在的位置。

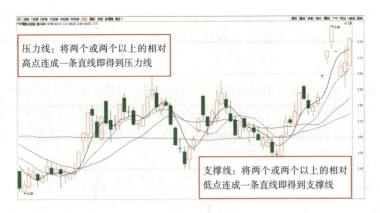

压力线：将两个或两个以上的相对高点连成一条直线即得到压力线

支撑线：将两个或两个以上的相对低点连成一条直线即得到支撑线

图 6-7 支撑线和压力线

支撑线和压力线的作用是阻止或暂时阻止股价向一个方向继续运动。同时，支撑线和压力线又有彻底阻止股价按原方向变动的可能。支撑和压力的角色不是一成不变的，它们可以相互转化，如图 6-8 所示。当然，前提是被有效的足够强大的价格变动所突破。

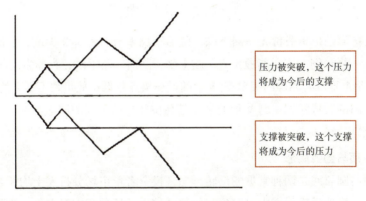

压力被突破，这个压力将成为今后的支撑

支撑被突破，这个支撑将成为今后的压力

图 6-8 支撑线和压力线的相互转化

6.4 分析 3：利用形态技术分析

形态分析是技术分析领域中比较简明实用的分析方法，把股价走势中若干典型的形态作出归纳，并进行命名，其被分为反转形态和持续形态两大类。

6.4.1 反转形态

反转形态的图形表示股价的原有走势将要逆转，也就是将要改变原先的股价走势方向。例如，原来的上升趋势将变成下降趋势，或原来的下降趋势将变成上升趋势。反转形态的典型图形有双顶形、头肩形、直线形和 V 形等。下面主要介绍几种常见的反转形态。

1. V 形与倒 V 形

V 形与倒 V 形反转形态都是实战中比较常见的、力度极强的反转形态，往往出现在市场剧烈波动之时，在价格底部或者顶部区域只出现一次低点或高点，随后原来的运行趋势就发生改变，股价呈现出与原来相反的方向的剧烈变动，如图 6-9 所示。

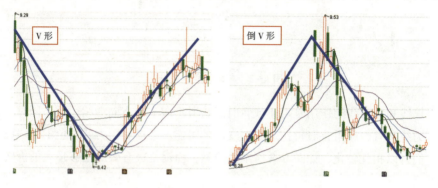

图 6-9　V 形与倒 V 形

V 形反转形态是指股价先一路下跌，随后一路攀升，底部为尖底，在图形上就像英文字母 V 一样；倒 V 形是指股价先一路上涨，随后一路下跌，头部为尖顶。

V 形与倒 V 形没有明确的买卖点。V 形的最佳买点是低位放量跌不下去的回升初期，或是放量大阳的转势时刻；倒 V 形的卖点是高位放量涨不动的回落初期，或是高位放量大阴的转势时刻。

2. 圆弧顶与圆弧底形

圆弧顶与圆弧底是两种常见的反转形态，投资者及市场分析人士均相当重视对其的研判。在头肩形反转形态中，股价起伏波动较大，反映多空双方争斗激烈，在突破颈线后，形态成立。而圆弧顶及圆弧底形态是渐进的过程，市场多空双方势均力敌，交替获胜，使股价维持一段较长时间的盘局，最终才会出现向上或向下的反转行情。

（1）圆弧顶：圆弧顶是指股价或股指呈现圆顶走势，当股价到达高点之后，涨势趋缓，随后逐渐下滑，是见顶图形，这预示后市即将下跌。整个形态完整出现耗时较长，常与其他形态复合出现，市场在经过初期买方力量略强于卖方力量的进二退一式的波段涨升后，买力减弱，而卖方力量却不断加强；中期时，多空双方力量均衡，此时股价波幅很小，而后期卖力量超过买方，股价回落，当向下突破颈线时，就将出现快速下跌，如图 6-10 所示。

（2）圆弧底：圆弧底是指呈圆弧状的一种底部反转上攻形态，也称碗形，股价多处于低位区域。与潜伏底的相似之处在于，交投清淡，耗时几个月甚至更久，体现弱势行情的典型特征，是跌市中的投资者信心极度匮乏在技术走势上的体现。这时空方的能量也基本释放完毕，但由于前期下跌杀伤力强，短时间内买方也难以汇集，股价无法快速脱离底部上涨，只有长期停留在底部休整，以时间换空间，慢慢恢复元气，价格陷入胶着，振幅很小，此时便会形成圆弧底形态，如图6-11所示。

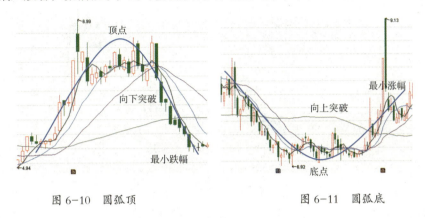

图 6-10　圆弧顶　　　　　　　　　　　　图 6-11　圆弧底

3. 双重顶与双重底形

K线组合中有两个特殊的反转形态，即双重顶（M头或双头，如图6-12所示）和双重底（W底或双底，如图6-13所示）。它们在我国的股市中出现的次数较多，影响较大。其中，M头提示后市有见顶可能，是股价即将下跌的信号；而W底正好相反，是一种预示股价可能要上涨的形态。

无论是M头或W底形态，最终都是以突破颈线作为有效的标志。熊眼看市处处是顶，怎么看都是一个个M头，任何一次反弹都可能是出货的良机；而牛眼看市则处处是底，怎么看都是W底，任何时候回调都可能是买入的时机。正确识别双顶和双底形态极为关键。

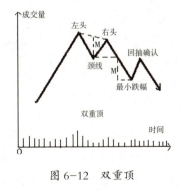

图 6-12　双重顶

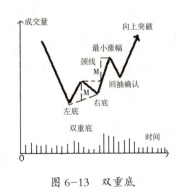

图 6-13　双重底

6.4.2 持续形态

持续形态指的是单边趋势（下跌或者上涨）在运行过程中出现暂时性的休整。股价经过阶段性的蓄势休整之后，又重新回归到原有的趋势，如图 6-14 所示。

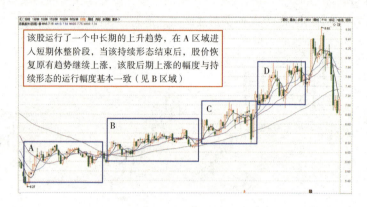

该股运行了一个中长期的上升趋势，在 A 区域进入短期休整阶段，当该持续形态结束后，股价恢复原有趋势继续上涨，该股后期上涨的幅度与持续形态的运行幅度基本一致（见 B 区域）

图 6-14　持续形态

持续形态主要分为以下 6 种：三角形形态、矩形形态、旗形形态、楔形形态、头肩底形态、不规则形态等。不论是什么类型的持续形态，只要了解它的特征、量价关系、价格测量空间等，就可以对其进行适当的操作，笔者就不一一阐述了。

持续形态是操作中最有把握产生交易机会的，因为持续形态本身体现的是顺势操作的精髓，投资者可以通过中继形态的自身风险控制功能，将交易风险控制在有限的范围内。同时，投资者也能通过中继形态产生合理的最小目标预测，如果再配合均线、趋势线等技术手段的辅助，交易成功率便可能达到一个很高的值。

6.5 分析 4：利用指标技术分析

为了更好地预测股票价格的未来趋势以及买卖股票的合适时机，经过人们对股价走势的不断研究，产生了多种方法。现在大多数投资者都采用技术分析和基本分析法来预测股市的走势，本节将介绍常用的技术分析指标。

6.5.1 均线

均线全称为移动平均线（Moving Average，MA），它是以道·琼斯的"平均成本概念"为理论基础，采用统计学中"移动平均"的原理，将一段时期内的股票价格平均值连成曲线，用来显示股价的历史波动情况，进而反映股价指数未来发展趋势的技术分析方法。

均线差指标（Differentof Moving Average，DMA）属于趋向类指标，也是一种趋势分析指标。DMA 是依据快慢两条移动平均线的差值情况来分析价格趋势的一种技术分析指标。均线差指标主要通过计算两条基准周期不同的移动平均线的差值，来判断当前买入、卖出能量的大小和未来价格走势的趋势。图 6-15 所示为均线差指标在盘面中的表现。

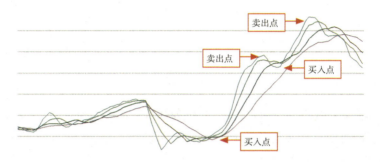

图 6-15 均线差指标（DMA）在盘面中的表现

均线差指标的计算公式为：DMA = 短期平均值 - 长期平均值，AMA = 短期平均值。以求 5 日、10 日为基准周期的 DMA 指标为例，其计算过程为：DMA（5）= 5 日平均值 - 10 日平均值，AMA（5）=5 日平均值。

均线差指标的原则是当实线向上交叉虚线时为买进点，当实线向下交叉虚线时为卖出点。针对这个规律，投资者可以得到当实线从高位两次向下交叉虚线时，则股价的下跌幅度可能会比较深；当实线从低位两次向上交叉虚线时，则股价的上涨幅度可能比较大。

6.5.2 KDJ 指标

随机指标（KDJ）是由乔治·莱恩（George·Lane）首创的，它是通过当日或最近几日的最高价、最低价及收盘价等价格波动的波幅反映价格趋势的强弱。

KDJ 指标（Stochastic Indicator）有 3 条曲线，分别是 K 线、D 线和 J 线，如图 6-16 所示。其中，K、D 和 J 值的取值范围都是 0 ~ 100。当 K、D、J 的值在 20 线以下为超卖区，视为买入信号；当 K、D、J 的值在 80 线以上为超买区，视为卖出信号；当 K、D、J 的值在 20 ~ 80 线之间为徘徊区，投资者应观望。

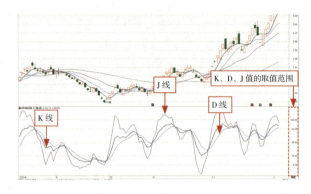

图 6-16　随机指标（KDJ）

KDJ 指标是以最高价、最低价及收盘价为基本数据进行计算的，得出的 K 值、D 值和 J 值分别在指标的坐标上形成一个点，连接无数个这样的点位，就形成一个完整的、能反映价格波动趋势的 KDJ 指标。

在 KDJ 指标上单击鼠标右键，在弹出的快捷菜单中选择"指标用法注释"选项，如图 6-17 所示。弹出"[KDJ]指标用法"对话框，在其中可以查看该指标的具体投资策略，如图 6-18 所示。

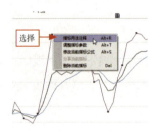

图 6-17　选择"指标用法注释"选项

图 6-18　　"[KDJ] 指标用法"对话框

随机指标的计算公式和理论是在先前产生的未成熟的随机值 RSV 基础上得来的。n 日的 RSV =（Ct − Ln）÷（Hn−Ln）× 100，其中，公式中的 Ct 是指当天的收盘价，Hn 和 Ln 是指最近 n 日内出现的最高价和最低价，包括当天。

将 RSV 数值进行指数平滑处理，就可以得到 K 值：今日 K 值 = 2/3 × 昨日 K 值 + 1/3 今日 RSV 值。其中，公式中的 1/3 是平滑因子，是可以人为选择的。对 K 值进行指数平滑，得到 D 值。

6.5.3 BOLL 指标

布林线（Bollinger bands or Boll，BOLL）由约翰·布林（John·Bollinger）创造，是利用统计学原理，求出股价的标准差及其信赖区间，从而确定股价的波动范围以及未来走势。图 6-19 所示为布林线在盘面中的表现。

图 6-19　布林线（BOLL）

专家提醒

　　BOLL 指标中的上、中、下轨线所形成的股价通道的移动范围是不确定的，通道的上下限随着股价的上下波动而变化。在正常情况下，股价应始终在股价通道内运行。如果股价脱离股价通道运行，则意味着行情处于极端的状态下。

　　布林线指标是利用波带显示股价的安全高低价位，因此称为布林带，其上限范围不固定，随着股价的滚动而变化。当股价涨跌幅度加大时，带状区变宽；当涨跌幅度减小时，带状区变窄。因其灵活、直观和趋势性的特点，BOLL 指标已成为市场上广泛应用的热门指标。

　　布林线指标的用法如图 6-20 所示。

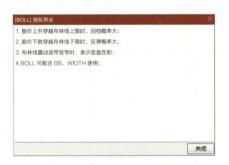

图 6-20　布林线指标的用法

　　在 BOLL 指标中，股价通道的上下轨是显示股价安全运行的最高价位和最低价位。上轨线、中轨线和下轨线都可以对股价的运行起到支撑作用，而上轨线和中轨线有时则会对股价的运行起到压力作用。当布林线的上、中、下轨线几乎同时处于水平方向横向运行时，则要依据股价目前的走势来判断。

6.5.4 MACD 指标

平滑异同移动平均线（Moving Average Convergence and Divergence，MACD）是从双移动平均线得来的，由快的移动平均线减去慢的移动平均线计算而来。MACD 比单纯分析双移动平均线的差阅读起来方便快捷。图 6-21 所示为平滑异同移动平均数在盘面中的表现形式。

MACD 由正负差（DIF）和异同平均数（DEA）两部分组成。

（1）正负差（DIF）。DIF 是快速平滑移动平均线与慢速平滑移动平均线的差，快速和慢速的区别是进行指数平滑时采用的参数的大小不同，短期的移动平均线是快速的，长期的移动平均线是慢速的。

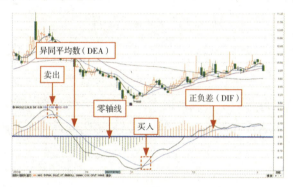

图 6-21　平滑异同移动平均线指标

（2）异同平均数（DEA）。DEA 作为辅助是 DIF 的移动平均，也就是连续的 DIF 的算术平均。

MACD 指标的用法如下。

· 当 DIF、DEA 均为正，且 DIF 向上突破 DEA 时，为买入信号。

· 当 DIF、DEA 均为负，且 DIF 向下跌破 DEA 时，为卖出信号。

· 当 DEA 线与 K 线发生背离，为行情反转信号。

· 当 MACD 柱状线由红变绿（正变负）时，为卖出信号；由绿变红（负变正）时，为买入信号。

专家提醒

在绘制的图形上，DIF 与 DEA 形成了两条快慢移动平均线，买进卖出信号也就决定于这两条线的交叉点。很明显，周 K 线 MACD 指标对中长线转折的判断的准确性较高，可以作为中长线投资者的首选参考指标。

第 7 章
盘口分析 看好盘把准时机

学前提示

对于每一位长期涉足股市投资的股民来说，学会如何看盘、掌握看盘的基本方法和各种看盘技巧是一门极其重要的必修课。正确地看盘可以提高股价行情趋势预测的准确性，从而直接影响投资者投资的成功与否。

要点展示

≫ 新手看盘入门
≫ 分析 1：盘口内容分析
≫ 分析 2：重要时间段分析
≫ 分析 3：特殊现象分析
≫ 分析 4：剖析各种分时盘面

7.1 新手看盘入门

俗话说："不要用分析的角度操盘，而要以操盘的角度分析。"由此，投资者在掌握了相应的技术分析知识后，可以把这些知识应用到盘面中进行操作分析，即通过股票分析软件来查看大盘的各种数据，从而进行股票交易。

7.1.1 学会看证券营业部的大盘

大多数证券公司都在其营业大厅的墙上挂有大型彩色显示屏幕，即我们平常所说的大盘。大部分营业部的显示屏，都用不同的颜色来表示股票的价格和前一天的收盘价相比是涨还是跌，如图7-1所示。

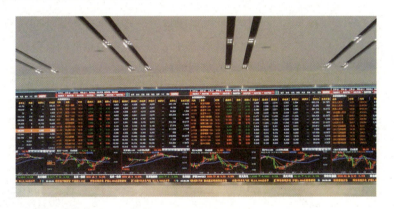

图 7-1 证券营业部的大盘

大盘一般指综合指数，也称大盘指数。大盘指数包括沪市的"上证综合指数"和深圳的"深证成分股指数"。通常情况下，股民把整个股市总的行情称为大盘。影响股市行情的所有因素最终都会在盘面上得到体现，所以盘面是股市行情变化最真实的反映。

7.1.2 大盘开盘走势分析

俗话说："一日之计在于晨。"在股市中，开盘后的股价走势对全天的影响非常重要。所谓开盘指的并不是一个点，而是一段时间的走势。由于开盘价是由集合竞价产生的，所以其受到各种意外因素的影响比较大。集合竞价具有重要的定性作用，它从总体上反映了多空双方或做多或做空或不做的倾向，由此可以了解多空的基本意愿。在具体操作中，主要是与昨日集合竞价和收盘价相比，看开盘高低和量能变化。

因此，在开盘后一段时间内，股价会对不均衡的开盘价进行一段时间的修正，从而进入一个均衡时期。这一段时间大概就是上午 9：30 ~ 10：00 这半小时内的走势，而观察开盘的重点也集中在这半小时内。

大盘指数即时分时图由买盘比率、卖盘比率、成交量、加权指标和不加权指标共 5 个部分组成。图 7-2 所示为 2022 年 1 月 6 日的上证指数大盘分时图。

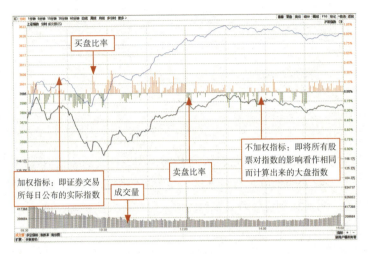

图 7-2　上证指数大盘分时图

专家提醒

红绿柱线是股票买盘和卖盘的比率：红线柱增长，表示买盘大于卖盘，指数将逐渐上涨；红线柱缩短，表示卖盘大于买盘，指数将逐渐下跌。绿线柱增长，指数下跌量增加；绿线柱缩短，指数下跌量减少。

大盘的盘面反映出来的信息非常多，但投资者不必紧盯着价格变动，看盘不是看"价"，而是看"势"。价格只是一个表面现象，投资者需要从各种表面现象中找到股票的走势，从中阅读对自己有价值的信息。

7.1.3　内盘外盘的含义

股票软件一般都有外盘和内盘信息。打开个股实时走势图，在窗口的右边就会显示个股的外盘和内盘情况，如图 7-3 所示。投资者可以通过对比外盘和内盘的数量大小及比例，发现当前行情是主动性的买盘多还是主动性的卖盘多，这是一个较有效的短线指标。

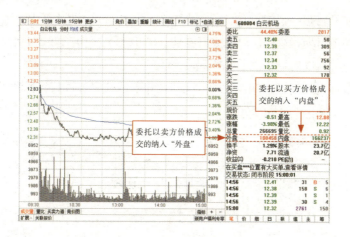

图7-3 内盘外盘的含义

"外盘"和"内盘"相加即为成交量，分析时由卖方成交的委托纳入"外盘"，如"外盘"很大意味着多数卖的价位都有人来接，显示买势强劲；而以买方成交的纳入"内盘"，如"内盘"过大，则意味着大多数的买入价都有人愿意卖，显示卖方力量较大；如内外盘大体相当，则买卖方力量相当。

专家提醒

投资者在使用外盘和内盘时，要注意结合股价在低位、中位和高位的成交情况及该股的总成交量情况进行观察。因为外盘、内盘的数量并不是在所有时间段都有效，许多时候外盘大，股价并不一定上涨；内盘大，股价也并不一定下跌。

7.1.4 超级盘口的使用方法

超级盘口，对于分析盘中的买卖盘，有极其重要的作用，同时也有利于每次的复盘。如果投资者平时在看盘时没有关注某个股，但是收盘后，发现该股不错，进而想对该股当天的盘口做一个分析，即可使用"超级盘口"功能展示当天该股每一秒的成交情况。

步骤❶ 打开同花顺炒股软件，单击菜单栏中的"分析"→"超级盘口"命令，如图7-4所示。

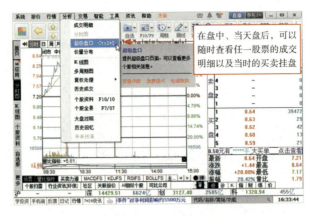

图 7-4　单击"超级盘口"命令

步骤②　使用"超级盘口"后，客户端光标显示"蓝色"，此时可以通过移动鼠标，来查看当天任何时点的交易情况，如图 7-5 所示。

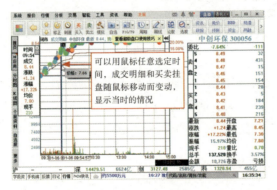

图 7-5　使用"超级盘口"功能

步骤③　用户还可以将此功能与"分析"菜单里面的"历史回忆"功能结合起来使用，通过选择日期来全面重现历史上任意一天的盘中走势。

7.2　分析1：盘口内容分析

"盘口"是在股市交易的过程中，看盘观察交易动向的俗称。学习盘口知识很重要，学会盘口分析，判断主力意图，有利于在股市中持续地盈利。

7.2.1　买盘和卖盘

实时盯盘的核心是观察买盘和卖盘，掌握买盘或者卖盘的性质，就能先发制人。

股市中的主力经常在此挂出巨量的买单或卖单，然后引导股价朝某一方向走，并时常利用盘口挂单技巧，引诱投资人做出错误的买卖决定。因此，注重盘口观察是实时盯盘的关键，而买卖队列功能可以更有效地帮助投资者发现主力的一举一动，从而更好地把握买卖时机，如图 7-6 所示。

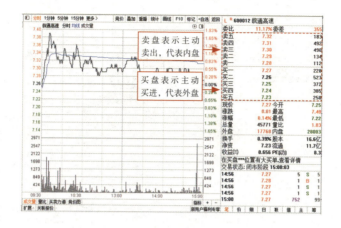

图 7-6　买盘和卖盘

主动性买盘成交的为外盘，主动性卖盘成交的为内盘。其实内外盘并不能反映真正的买卖盘力量，成交的买盘量和成交的卖盘量一定是相等的，内外盘之和等于总的成交量。

7.2.2　关注开盘后股票涨跌停板情况

证券市场中交易当天股价的最高限度称为涨停板，涨停板时的股价叫涨停板价。投资者在看盘时，一定要关注开盘后股票涨跌停板情况，如图 7-7 所示。

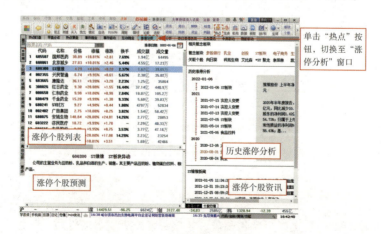

图 7-7　股票涨跌停板情况

开盘后涨跌停板的情况会对大盘产生直接的影响。在实行涨跌停板制度后，可以发现涨跌停板的股票会对与其有可比性的股票产生助涨与助跌的作用。例如，大盘开盘后某只生物医药股涨停板，在其做多示范效应影响下，其他的与其相近的或者有可比性的股票会有走强的趋势；反之亦然。

7.2.3 开盘是影响当日股价走势的重要时刻

无论对于个股还是大盘，开盘都为当天的走势定下了基调，其重要性不言而喻，因此必须掌握开盘看盘技巧。

一般来说，股票的开盘价是上一交易日股票价格的延续，但是受政策面、消息面或其他因素刺激会出现明显的高开或低开。通常情况下，如果大盘指数低开，而某一股票跳空高开，则这只股票当日走势会强于大盘；相反，则该股走势将弱于大盘。开盘价高低反映多空两方的气势力量，但是如果个股有大量资金的参与，也可能会为了影响投资者的心理制造出与实际相反的假象。

例如，沪市的9：15 ~ 9：30为集合竞价时间，一些投资者常常忽视集合竞价对于大盘走势的影响力。事实上，集合竞价的意义在于按供求关系校正股价，可初步反映出价、量情况及大户进出动态。在无新股上市的情况下，集合竞价往往反映出市场对当天走向的看法。因此，投资者最好应将当天集合竞价的成交量记载下来，从集合竞价中发现大盘变化的趋势，如图7-8所示。

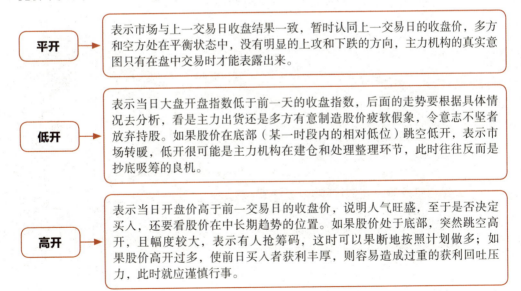

平开　表示市场与上一交易日收盘结果一致，暂时认同上一交易日的收盘价，多方和空方处在平衡状态中，没有明显的上攻和下跌的方向，主力机构的真实意图只有在盘中交易时才能表露出来。

低开　表示当日大盘开盘指数低于前一天的收盘指数，后面的走势要根据具体情况去分析，看是主力出货还是多方有意制造股价疲软假象，令意志不坚者放弃持股。如果股价在底部（某一时段内的相对低位）跳空低开，表示市场转暖，低开很可能是主力机构在建仓和处理整理环节，此时往往反而是抄底吸筹的良机。

高开　表示当日开盘价高于前一交易日的收盘价，说明人气旺盛，至于是否决定买入，还要看股价在中长期趋势的位置。如果股价处于底部，突然跳空高开，且幅度较大，表示有人抢筹码，这时可以果断地按照计划做多；如果股价高开过多，使前日买入者获利丰厚，则容易造成过重的获利回吐压力，此时就应谨慎行事。

图7-8　从集合竞价中发现大盘变化的趋势

7.3 分析 2：重要时间段分析

每个交易日的交易时间有 4 个小时，可以将其分为开盘、中盘、尾盘 3 个阶段，并且每个阶段都有其相应的操作技巧。

7.3.1 开盘看盘技巧

开盘后半小时，即 9：30 ~ 10：00 为开盘时间，如表 7-1 所示。开盘价通常有高开、平开和低开 3 种情况，在大市上升途中或下降途中的高开或低开，一般有维持原趋势的意味，即上升时高开看好，下跌时低开看空。

表 7-1　开盘后 30 分钟的走势

开盘时间	盘口特征	走势分析
9：30 ~ 9：40	此时是多空双方极为关注的时段，当然也是投资者最应留心的时段。这 10 分钟之所以重要，是因为此时参与交易的股民人数不多，盘中买卖量都不是很大，因此用不大的资金量即可达到目的，花钱少，效益大。	开盘第一个 10 分钟的市场表现有助于正确地判断市场走势的强弱。 （1）强势市场：多方为了充分吸筹，开盘后会迫不及待地买进；而空方为了完成派发，也会积极买进，于是造成开盘后的急速冲高。 （2）弱势市场：多方为了吃到便宜货，会在开盘时即快速出货，而空方也会不顾一切地抛售，造成开盘后的急速下跌。
9：40 ~ 9：50	经过第一个 10 分钟的搏杀，开盘后第二个 10 分钟多空双方会进入休整阶段。	这段时间是买入或卖出的一个转折点，一般会对原有趋势进行修正。 （1）如空方逼得太猛，多方会组织反击，抄底盘会大举参与。 （2）如果多方攻得太猛，空方也会予以反击，获利盘会积极回吐。
9：50 ~ 10：00	随着交易者逐渐增多，多空双方经过前面的较量，互相摸底，第三个 10 分钟的买卖盘变得较实在，因此可信度较大。	这段时间的走势基本上可成为全天走向的基础。投资者应充分关注这段时间量价的变化，为自己的决策做好准备。

7.3.2 中盘看盘技巧

中盘时间是指上午 10：00 ~ 11：30 与下午 13：00 ~ 14：30，总计 3 个小时。

经过开盘对前一天收盘及消息面的反映和调整后，股市进入中盘阶段，此时的看盘技巧如表7-2所示。

表7-2　中盘走势分析

大盘阶段	具体分析
多空搏斗阶段	开盘并进入中盘第一阶段时，多空双方已结束初步试探动作，要进行第一波争斗，这时投资者需要谨慎判断，不要轻易出手
多空决胜阶段	多空双方在经过了激烈的搏斗之后，胜负已逐渐明朗，如果多方获胜，就会把股价不断抬高，反之如果空方占优，那么股价将会持续走低
多空强化阶段	获胜一方将会乘胜追击，扩大战果，稳固胜利果实，盘中局面将出现一边倒

在中盘过程中，临近休盘和午后复盘承前启后，是应重点关注的时间段。上午休市前的走势一般具有指导意义，如大市处于升势，上午收于高点，表明人气旺盛，行情向好；反之如大市处于跌势，上午收于低点，表明人气低迷，行情向淡。

在下午复盘后的关注重点就在于，如果有短线投资者买盘进场，那么大盘走势可能会急剧冲高，即使出现回落也有向好趋势，可以借此机会买入。如果指数几乎不动，或者轻微上涨，幅度不大，那么可能是主力为出货而做的准备。这时看盘，有一个问题十分重要，就是要把休盘前和复盘后的走势作为研判下午走势的一个整体，相互印证。

总之，中盘就是多空双方进行博弈的一个战场，所以要密切观察，根据实际情况，合理选择最好的时机，进行短线盈利。

7.3.3 尾盘看盘技巧

尾盘不仅对当日多空双方交战起到总结作用，而且还决定次日的开盘。所以，股票市场波动的最大时间段是在临收市的半小时左右，此时股价常常异动。

尾盘的重要性，在于它是一种承前启后的特殊位置，既能回顾前市，又可预测后市，可见其在操作中的地位重要性非同小可，因此尾盘效应需要投资者格外重视。尾盘比较常见且具有较高分析研判价值的走势主要有两种，即"尾盘拉高"和"尾盘跳水"，如图7-9所示。

尾盘拉高

特征：股价在临近收市前的较短时间内，突然出现一波放量的极速拉升，K线图上出现放量上涨的大阳线或使得该股在当日出现上涨

分析：如果个股处于历史高位附近，投资者应谨慎对待，随时准备卖出；如果个股处于历史低位且涨幅不大，则可以实施追涨操作

尾盘跳水

特征：股价全天走势比较平稳，但在临近收市前的30分钟或45分钟内，突然出现大幅下跌行情，股指在快速下跌中，成交量也有所放大，显示市场带有一定的恐慌性抛售成分

分析：投资者需要研判行情是否属于空头陷阱，可以从消息面、资金面、宏观基本面和市场人气等方面进行分析和研判

图 7-9　尾盘看盘技巧

　　投资者需要注意的是，尾盘只是全天股市走势的一部分，仅仅根据尾市看盘作出决策是有局限性的：一方面，盘面的变化是否有消息影响无法确定，跟风出错难免造成亏损；另一方面，过于看重尾市的投资操作容易使人目光短浅，常常为蝇头小利而搏杀。因此，从尾盘走势得到的信息要和全天开盘、中盘得到的信息进行结合，并和大盘中长期走势结合起来，才能获得预期收益。

专家提醒

　　特殊尾盘的处理方法如下。

　　·如果尾盘多方大力买入，攻势太猛的状况下修正反弹，但空头临时又积极卖出，使大盘收于最低点，次日以平开或低开方式开盘，就意味着行情可能仍是一个下跌走势。

　　·如果尾盘形成明显趋势，而且最后10分钟放量上涨，说明有短线资金入市，次日以高开方式开盘后，空方的卖盘便将于趋势之中快速出货。

7.4 分析3：特殊现象分析

　　要追求大资金大赚，就要发现趋势并引导趋势；要稳健地赚，就要控制对手，并击败对手盘，也就是操盘。因此，学会观察盘口特殊动向是股民应掌握的技巧。

7.4.1 通过上压板和下托板看主力意图

大量的委卖盘挂单俗称上压板,大量的委买盘挂单俗称下托板。无论上压还是下托,都会影响股价的走向,且股票处于不同价位区间时,其作用也是不同的,如图7-10所示。

> · 当股价处于刚启动不久的中低价区时,主动性买盘较多,盘中出现了下托板,往往预示着主力做多意图,可考虑参与跟着主力追势;
> · 若出现了上压板而股价却不跌反涨,则主力快速出货后又吸货的可能性偏大,往往是大幅涨升的先兆。

> · 当股价升幅较大且处于高价区时,盘中出现了下托板,但走势却是价滞量增,此时要留神空方的进攻;
> · 若此时上压板较多,且上涨无量时,则往往预示顶部即将出现,股价将下跌。

图7-10　通过上压板和下托板看主力意图

很多时候,大资金时常利用盘口挂单技巧,导致投资者做出错误的买卖决定,委买卖盘常失去原有意义。例如,有时刻意挂出大的卖盘会动摇持股者的信心,但股价反而上涨,充分显示主力刻意示弱、欲盖弥彰的意图。因此,注重盘口是关键,这将使投资者有效地发现主力的一举一动,从而更好地把握买卖时机。

7.4.2 连续出现的单向大买卖单

在研判与识别主力的动向时,通常都会关注成交量、换手率这两个重要概念,并且这一点已日益为越来越多的投资者所掌握。如果盘口出现连续的单向大买单,这肯定是主力的行为,中小投资者是做不到的,而大户也大多不会如此轻易买卖股票而滥用自己的钱。这些操作可能会导致投资者做出错误的买卖决定,达成主力建仓或者出货的目的。大买单或大卖单出现,主力可能会分别有不同的意图,如图7-11所示。

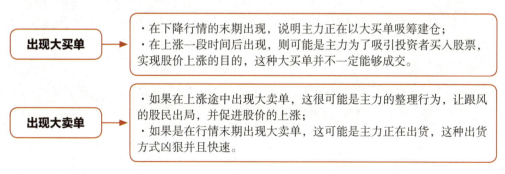

图7-11　连续出现单向大买卖单的分析

大买单数量以整数居多，但也可能是零数，但不管怎样都说明有大资金在活动。大单相对挂单较大且成交量明显过低，此时可能是处于主力吸货的末期，进行最后的吸货之时。大单相对挂单较大且成交量有大幅改变，这往往是主力积极活动的征兆。如果涨跌相对温和，一般多为主力逐步增减仓所致。

7.4.3 扫盘与隐性买卖盘

在涨势中常有大单从天而降，将卖盘挂单连续悉数吞噬，即称扫盘。在股价刚刚形成多头排列且涨势初起之际，若发现有大单一下子连续地横扫了多笔卖盘时，则预示主力正在大举进场建仓，此时可能是投资者跟进的绝好时机。

在 L2 行情（上海证券交易所发布的高速行情）中，委卖额用蓝线表示，委买额用红线表示。广义的扫盘在委托额图表里表现为蓝线的迅速下降，它的市场含义是在上方的委卖额被资金在短时间内迅速"吃掉"。

在买卖成交中，有的价位并未在委买卖挂单中出现，却在成交一栏里出现了，这就是隐性买卖盘，其中经常蕴含主力的踪迹。单向整数连续隐性买单的出现，而挂盘并无明显变化，一般多为股价上涨初期的主力试盘动作，或派发初期激活追涨跟风盘的启动盘口。

> **专家提醒**
>
> 一般来说，上有压板，而出现大量隐性主动性买盘（特别是大手笔），股价不跌，则是大幅上涨的先兆。下有托板，而出现大量隐性主动性卖盘，则往往是主力出货的迹象。

7.4.4 无征兆的大单

一般无征兆的大单多为主力的活动，如果是个股出现连续的大单，现行运作状态有可能被改变。如果大单不连续，也不排除是资金大的个人大户或小机构所为，其实际判断意义不大。

能不能抓住这种机会关键取决于两个方面，如图 7-12 所示。其实，股市里的看盘方法很多，并不是只有简单基本面分析和技术分析，操作手段有时更加重要。

| 投资者有没有赚钱的能力 | → | 股市是一种高智商的熟练工游戏，很多方面与棋类运动员非常相近，如果没有一定的天赋和不断的实践，很难在非强势市场获得较高收益。 |
| 投资者有没有赚钱的欲望 | → | 普通人在一生中发挥的能量只是其潜能的一小部分，主要是因为大多数人缺乏开拓能量的动力和欲望。 |

图 7-12　抓住投资机会的关键

专家提醒

　　当股价处于低位，买单盘口中出现层层大买单，而卖单盘口只有零星小单，但突然盘中不时出现大单炸掉下方买单，然后又快速扫光上方抛单，此时可理解为"吸货震仓"。"吸货震仓"阶段是主力吸货＋出货阶段。通常，出货的目的有两个：整理盘面拿筹码、摊低成本。此阶段的交易策略应灵活掌握，如是短暂整理盘面，投资者可持股不动，如发现主力进行高位旗形整理盘面，则整理过程一般要持续 11～14 个交易日，则最好先逢高出货，整理快结束时，再逢低进场不迟。

7.5　分析 4：剖析各种分时盘面

　　分时走势图不仅可以分析股票的买卖点，也可以预测股价短期内的走势，本节就来对几种经典的分时走势盘面进行分析。

7.5.1　低开分时走势盘面

　　低开分时走势盘面包括两种情况，分别是低开低走盘和低开高走盘。

1. 低开低走盘

　　低开低走是股市用语，是 K 线走势的一种形态。简单说就是：开盘价低于昨日收盘价，然后开始往下落，且在整个交易日中股价持续下跌，收盘时的收盘价也低于昨日收盘价。在分时图中表现为左高右低的形态，如图 7-13 所示。

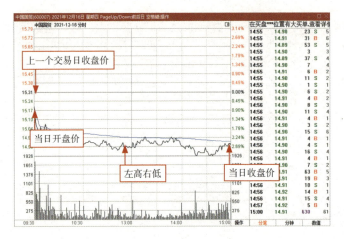

图 7-13　低开低走盘

根据低开低走盘出现的位置不同，可以将其分为两种情况，一种是低位低开低走分时图；另一种是高位低开低走分时图。

（1）低位低开低走：主力在整理环节或者试盘时期，股价阶段性的低位出现低开低走分时图，此时投资者可以继续观望。

（2）高位低开低走：股价阶段性的在高位出现低开低走形态，这种情况有可能是主力要出货了，此时投资者应谨慎操作。在高位股价低开低走通常表明下行力量形成，持有的投资者可以适当减仓，短期内可能有下行的趋势。

2. 低开高走盘

低开高走简单说就是：开盘价低于上一交易日收盘价，而收盘时收盘价却高于上一交易日收盘价。在分时图上表现为成交价线和平均价线都形成左低右高震荡上升的曲线，如图 7-14 所示。

图 7-14　低开高走盘

由于股价容易受消息影响，开盘时在人们普遍预期不好或有大利空消息时开盘容易低开；但经过情况好转或利好消息传来，股价回升高于开盘价，形成低开高走。若个股探底回升的幅度超过跌幅的50%，则短期内上涨概率较大，投资者可在上一个交易日的收盘价上挂单买进。

7.5.2　高开分时走势盘面

高开分时走势盘面包括两种情况，分别是高开低走盘和高开高走盘。

1. 高开低走盘

高开低走与低开高走刚好相反，是指股价指数在前一交易日收市点位以上开市，随着交易的进行，股价指数不断下跌，整个交易日都呈现下跌趋势，并且跌破上一个交易日的收盘价，在分时图上表现出左高右低震荡向下的曲线，如图7-15所示。

根据高开低走分时出现的位置不同，可以将其分为以下两种情况。

（1）低位高开低走：若股价在阶段性低位出现高开低走分时图，则股价继续下跌的空间有限，投资者可在此时采取逢低吸纳的投资策略。

（2）高位高开低走：若股价在阶段性高位出现高开低走分时图，则股价即将见顶，上涨的可能性不大，投资者可考虑在近期内逢高卖出。

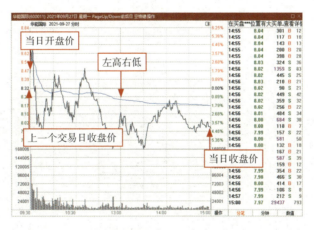

图7-15　高开低走盘

2. 高开高走盘

当日交易的开盘价格高于昨日收盘价格，然后随时间推移，一路上扬，这种走势通常称为高开高走盘，如图7-16所示。这种情况一般出现在重大利好出台的情况下，市场信心大幅提升。

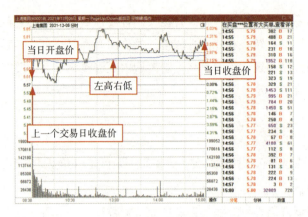

图 7-16　高开高走盘

根据高开高走盘出现的位置不同，可以将其分为以下两种情况。

（1）低位高开高走：如果股价在阶段性低位出现高开高走分时图，则股价继续下跌的可能性比较大，投资者可等待股价出现新低之后再进仓。

（2）高位高开高走：如果股价在阶段性高位出现高开高走分时图，则股价已经见顶，上涨的可能性不大，投资者需及时逢高卖出。

第8章
识底抄底 会卖的不如会买的

学前提示

　　股票投资者都希望能在低位低价买入，所谓低位就是一个局部的底，能够找到并在这个底买入就称为抄底。股票抄底是指以某种估值指标衡量股价跌到最低点，尤其是短时间内大幅下跌时买入，预期股价将会很快反弹的操作策略。

要点展示

　　≫　初识底部
　　≫　技巧1：利用K线和均线
　　≫　技巧2：利用成交量
　　≫　技巧3：利用见底或攻击形态
　　≫　技巧4：利用价值投资
　　≫　技巧5：利用江恩理论守则

8.1 初识底部

根据股价底部的重要程度、跨越的时间长短，底部可分成短期底部、中期底部与长期底部，本节将分别对它们进行介绍。

8.1.1 短期底部及特征

长期底部虽然最"肥"最"厚"，但出现的次数有限，往往数年难以遇到一次，中期底部出现的次数较多，但一般一年也能遇到一次。因此，投资者在日常操作中最常见的是短期底部，包括大盘的短期底部与个股的短期底部。短期底部具有两个显著特征，如图 8-1 所示。

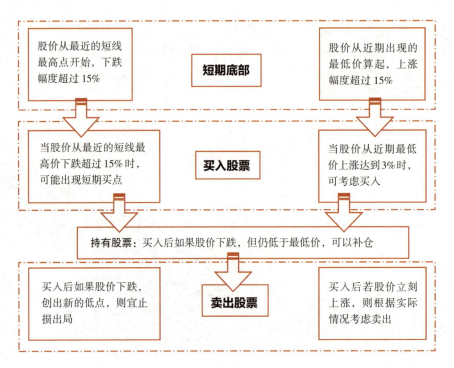

图 8-1　短期底部炒股技巧

投资者只要把握这种规律，便可长期跟踪部分股票，滚动操作，有概率来回赚钱。由于个股的波动不会与大盘完全一致，即使大盘处在高位区，也会出现个股的短期底部。因此，把握短期底部的特征，并适时介入，有利于投资者享用"股市快餐"。

专家提醒

短期底部的炒股方法特别适合以下股票。

· 刚刚上市的新股。

· 刚刚被特殊处理的 ST 股。

· 因利空消息快速下跌的个股。

· 强势股上升途中的快速出货整理。

8.1.2 中期底部及特征

中期底部是由于股指经过长期下跌之后，由于利好消息产生的时间较长、升幅较大的上升行情的转折点。中期底部是进场良机，底部一旦确立，中期将呈现稳步上扬态势，中线黑马往往借势展开主升浪行情，短线机会也将纷纷涌现，此时买股赢多输少，即使短线被套也可耐心等待解套获利。

中期底部可能会出现各种形态，其中双重底和头肩底出现的可能性稍大些，如图 8-2 所示。中期底部一般在跌势持续时间较长（两个月以上）、跌幅较深（下跌 25% 以上）后出现，股指在到达中期底部之前往往会有一段幅度不小的急速下跌。

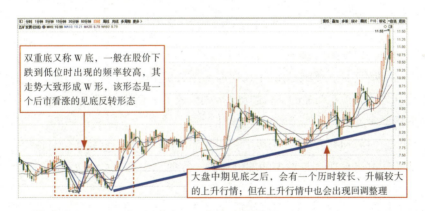

图 8-2　中期底部及特征

从市场见底的过程来看，往往是先突破"心理底"，再去寻找"估值底"，接着出现"政策底"，最后才会诞生"市场底"。大盘中期见底之后的上升过程中，市场人士会把这一行情当作一轮多头市场的开始，而这种想法往往能使中级行情演变为一场大行情。

8.1.3 长期底部及特征

大多数个股的长期底部和大盘的走势是一致的，如果大市不好，个股也难有作为。当然也有不少逆市而动的个股，长线投资者在介入处于底部的个股时也应考虑整个大盘的状况，更好地规避风险。当股价经过长时间和大幅度的下跌后，空方力量逐渐衰竭，下跌动力明显不足，此时股价开始在一定幅度的价位区内横向波动，成交量显著萎缩，多空力量在悄悄地发生转化。虽然有些先知先觉的投资者、主力机构不动声色地吸筹建仓，但此时成交并不活跃，股市仍然低迷不振，这是黎明前的黑暗，中长期底部就在眼前，如图8-3所示。

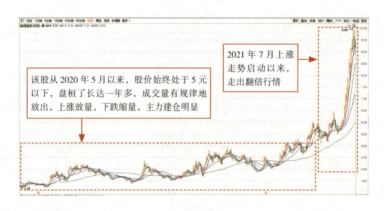

图 8-3　长期底部趋势分析

由此可见，中长期底部一般具有以下特征。

（1）前期有明显下跌趋势。中长期底部区总是在股价经过大幅下跌之后形成，亦即形成底部之前必须有明显的下跌趋势，否则就谈不上底部。下跌幅度越深、时间越长，后市上升的空间就越大、持续的时间就越长。

（2）低位横盘时间较长。个股中长期底部横盘持续的时间较长，且成交量极度萎缩。主力为了在低位吸到足够多的廉价筹码，往往会让股价在低位长时间横盘，使构筑底部的时间延长。

（3）投资者被深深牢套。大市处于中期或长期底部往往很少有获利盘，此时投资者对个股失去了信心，媒体和股评人士一片看空之声，利空传言满天飞，市场形成恐慌气氛，可是股价却跌不下去了。

（4）市场聚集反转的能量。多项技术指标处于严重超卖区域或底背离状态，技术上已经具备了反转的条件。最后下跌的板块往往是绩优股和指标股。此时，做中长线的投资者也不再看好个股而纷纷抛售绩优股，主力机构也卖出指标股，致使大盘深幅下跌。至此，从大盘到中小盘股，从垃圾股到绩优股，该下跌的板块通通都跌到无可再跌了，形成反转趋势。

8.1.4 抄底注意事项

股票价格上涨后赚钱的机会大概分为两类，一类是由于上市公司逐渐成长起来产生的，另一类是股价下跌"跌出来"的。目前，投资者主要的获利机会在于"跌出来"，众多股票投资机会都属于后者，即所谓的"抄底"。

但是，投资者要通过抄底在"混水中觅得真金"，不仅需要"火眼金睛"，同时也要注意操作节奏的把握，如图 8-4 所示。

图 8-4　抄底注意事项

8.2 技巧 1：利用 K 线和均线

技术分析的 4 要素是量、价、时、空。在实际的投资过程中，价格是投资者最看重的，也是股市中最敏感的话题。价格有很多的表现形式，最直接的就是 K 线。而均线，表示的则是股价的运行趋势。长期均线表示长期趋势，中期均线表示中期趋势，同样，短期均线表现短期趋势。本节将介绍利用 K 线和均线抄底的技巧，以帮助投资者明确价格分析的要点和难点。

8.2.1 利用K线

K线形态分为转折形态与中继形态两种：表示转折的形态有头肩底（顶）、W底、M头、圆弧底（顶）等；表示中继的形态有三角型、矩型（箱体）、喇叭型等。转折形态在趋势的底部与顶部出现，而中继形态则是在行情运行过程中出现的。因此，想要抄底进入的投资者必须掌握转折形态的K线图。

转折形态通常出现在行情的底部和顶部，用于预示股价走势将发生逆转。如图8-5所示，为头肩底转折形态。

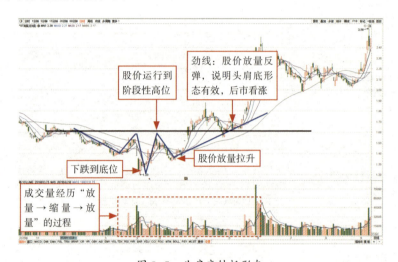

图 8-5　头肩底转折形态

专家提醒

头肩底（head and shoulders bottom）一般出现在股价下跌的低位，股价在下跌到低位后反弹形成左肩，随后股价反弹受阻回落创新低后再次反弹形成头部，当股价上涨到上次反弹高位附近受阻回落并在第一次股价下跌低位附近止跌企稳时，后市股票上涨突破阻力线（颈线）形成头肩底形态。出现该形态后后市股价往往会回落，可视为行情见底反转信号。

（1）在回抽颈线位时买入，适于稳健型投资者，但如果遇到走势强劲的黑马股，往往突破之后不做回抽，可能会因失去机会而令人失望。

（2）在突破颈线位当天收市前买入，适用于进取型投资者，但由于追进价较高，可能要承担回抽时暂时被套牢，也可能是无效突破而被高位套牢的风险。

（3）更为大胆的投资者为获取更大利润，往往在"头肩低"的右肩形成中即开始建仓，也就是根据一般情况下形态对称的特性，在右肩接近左肩低点时买入。

8.2.2 利用均线

常言道："底部进场，不赢也难。"道理很简单：当市场、个股处于底部时，价格更便宜，估值更低、更合理，系统性风险也很小，赚头也就更有保证。因而，在底部买入，尤其是抄到市场由熊转牛的大底，或中期阶段性大底，是所有市场投资者都梦寐以求的。

不过，能够抄到短期底部的人不少，而真正能抄到中长期大底的人却不多。抄到中长期底部，需要能比较准确地预测和判断底部。这不仅需要投资者具备丰富的操作技巧和经验，还要有科学实用的抄底方法。

其中，利用均线抄底是一种不错的方法。均线是股价移动平均线，是对收盘价的移动平均，即它会随价格变化而变化，其参数不同代表的市场意义也不同。例如，在下跌行情末期，中长期均线下跌走平，短期均线急速向上运行形成金叉，股价从均线下方向上突破，则常常视为买入信号，如图8-6所示。

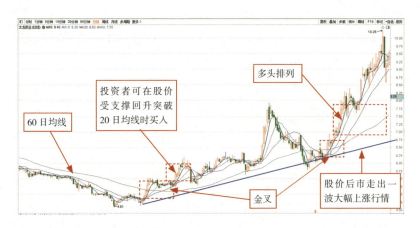

图8-6　利用均线炒股技巧

专家提醒

金叉是指是由一根时间短的均线在下方向上穿越时间长一点的均线，然后这两根均线方向均朝上，则此均线组合为"均线金叉"，反之为"均线死叉"。一般情况下，金叉为买进信号，死叉为卖出信号，同时要结合均线系统的组合时间周期来判断是短线买卖还是中线波段买卖。特别需要注意的是，均线交叉之后的两根均线的方向，如果不是一致朝上或者朝下的，那就是普通的均线交叉，而不是金叉或死叉了。

多头排列就是日线在上，以下依次为短期线、中期线和长期线，这说明投资者过去买进的成本很低，做短线的、中线的、长线的都有赚头，市场一片向上，这便是典型的牛市。其中，多头排列代表多方（买方）力量强大，后市将由多方主导行情，此时是中线进场的机会。

8.3 技巧2：利用成交量

股票的量价关系是预测股市运行趋势量能的重要依据，可以帮助投资者更好地把握买卖时机。成交量是研判股市行情的重要依据，它可以反映股价走势的强弱及主力资金的痕迹，通过对成交量的分析，在一定程度上能帮助投资者提高判断的准确性。

股价的涨跌需要量的配合才能实现，根据量和价的变化，投资者可以判断出大盘的走势。例如，在上涨行情初期，股价在前期的下跌过程中累积了大量的套牢盘，主力要参与，首先会通过一个横盘整理的阶段，将浮筹清理出局，以减轻后市的投资难度。当股价有效突破盘整向上运行创新高后，行情见底回升上涨，如图8-7所示。

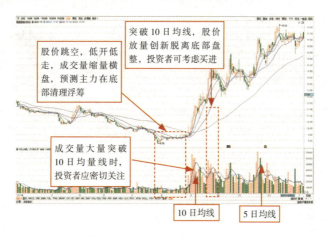

图8-7　利用成交量炒股技巧

因为市场就是各方力量相互作用的结果。虽然说成交量比较容易做假，主力常常利用广大散户对技术分析的一知半解而在各种指标上做文章，但是成交量仍是最客观的要素之一。成交必然是一部分人看空后市，另一部分人看多后市，造成巨大的分歧，又各取所需，才会成交。因此，成交量形态的变化对行情研判也具有非常大的参考价值。

专家提醒

成交量的几种形态如下。

（1）缩量：缩量是指市场成交极为清淡，大部分人对市场后期走势十分认同，意见十分一致。

（2）放量：放量一般发生在市场趋势发生转折的转折点处，市场各方力量对后市分歧逐渐加大，在一部分人坚决看空后市时，另一部分人却对后市坚决看好，一些人纷纷把家底甩出，另一部分人却在大手笔吸纳。

（3）堆量：当主力意欲积极参与个股时，常把成交量做得非常漂亮，成交量在K线图上，形成了一个状似土堆的形态，堆得越漂亮，就越可能产生大行情。

（4）呈量不规则性放大、缩小：这种情况一般是在没有突发利好或大局基本稳定的前提下，在风平浪静时突然放出历史巨量，随后又没了后音，一般是实力不强的主力在吸引市场关注，以便出货。

8.4 技巧3：利用见底或攻击形态

对于股票投资者而言，通过K线组合形态显示出的见底或攻击等起涨信号，可以大概分析股票的买入时机，本节将介绍几种常见的见底和攻击形态。

8.4.1 早晨之星见底形态

早晨之星，顾名思义，就是在太阳尚未升起的时候，黎明前最黑暗的时刻，一颗明亮的启明星在天边指引着那些走向光明的夜行人，前途当然看好。在股市中，K线图上的早晨之星即预示着跌势将尽，大盘处于上涨的前夜，行情即将摆脱下跌的阴影，逐步走向光明，也称"希望之星"。

早晨之星一般由3个交易日的3根K线构成，如图8-8所示。

专家提醒

第一根阴线出现后，市场还处于空方市场，多方还是很弱；次日跳空低开说明空方继续出货，而K线实体很短说明多方在收市前奋力反扑；第三日的大阳线深入阴线内部，说明多方实力大增，行情逆转信号强烈，后市上涨的可能性很大。

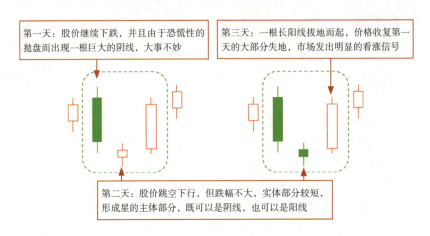

第一天：股价继续下跌，并且由于恐慌性的抛盘而出现一根巨大的阴线，大事不妙

第三天：一根长阳线拔地而起，价格收复第一天的大部分失地，市场发出明显的看涨信号

第二天：股价跳空下行，但跌幅不大，实体部分较短，形成星的主体部分，既可以是阴线，也可以是阳线

图8-8　"早晨之星"的K线形态

8.4.2　曙光初现见底形态

曙光初现形态是由两支不同颜色的"阴阳烛"组成，意味着市况由淡转好，通常在一个下跌市况后出现，其形态如图8-9所示。

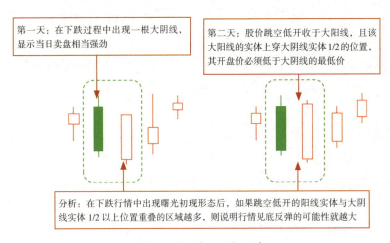

第一天：在下跌过程中出现一根大阴线，显示当日卖盘相当强劲

第二天：股价跳空低开收于大阳线，且该大阳线的实体上穿大阴线实体1/2的位置，其开盘价必须低于大阴线的最低价

分析：在下跌行情中出现曙光初现形态后，如果跳空低开的阳线实体与大阴线实体1/2以上位置重叠的区域越多，则说明行情见底反弹的可能性就越大

图8-9　"曙光初现"形态

曙光初现形态一般出现在连续下跌的行情末期，该见底形态说明多方开始强势反击，后市反弹上涨的可能性大。

8.4.3　旭日东升见底形态

旭日东升原意是指：初升的太阳，早上太阳从东方升起，形容朝气蓬勃的气象，也比喻"艰苦的岁月已过去，美好的日子刚刚来到"。

在股市中，旭日东升形态一般出现在股价下跌行情末期，由两根K线组成，且前后两根K线的实体长度近乎相等，是一种市场的反转信号，如图8-10所示。

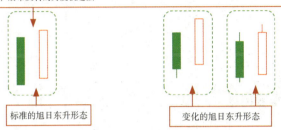

形态解析：旭日东升形态由两根K线组成，第一根为中大阴线，第二根K线是一根高开高走的中大阳线，且该阳线的收盘价超过了前一根大阴线的开盘价。
操作策略：上一日突破上一根阴线的开盘价就可以积极进场，见底形态的特征往往伴随着成交量的放大更可靠。该见底形态出现在连续下跌过程中，往往形成短期底部和阶段性底部的可能性较大。同时，往往第二根阳线实体越长，成交量越大，后市反转的力度就越强

标准的旭日东升形态　　　　变化的旭日东升形态

图8-10　"旭日东升"形态

旭日东升形态的实战运用技巧如下：
· 见底信号强于曙光初现形态。
· 阳线实体高出阴线实体部分越多，转势信号越强。
· 阴线最高价是支撑位。

下面介绍旭日东升形态的实战案例。

步骤 ❶　图8-11所示为大湖股份（600257）2020年8月25日至11月2日期间的K线图，股价经历了一波震荡下跌行情，产生见底信号，并于11月2日收出一根阴线。

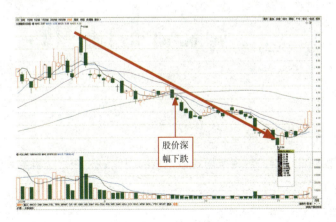

股价深幅下跌

图8-11　大湖股份K线图（1）

步骤 ② 11 月 3 日股价高开高走收一根大阳线，其收盘价高于前一天的开盘价，形成旭日东升形态，如图 8-12 所示。此时，底部已经确认，上涨行情已经展开，投资者应该及时跟进。

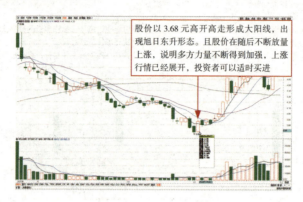

图 8-12 大湖股份 K 线图（2）

步骤 ③ 该股在出现旭日东升见底形态后，在经过短暂调整后放量上涨，股价一路飙升至 7.33 元，如图 8-13 所示。

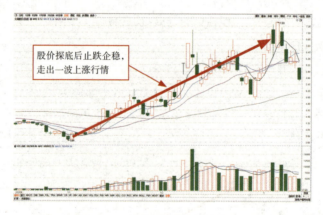

图 8-13 大湖股份 K 线图（3）

8.4.4 平底线见底形态

当股价下跌到低位后，出现了两条最低价为同值的 K 线，这两条 K 线，就称为平底线，又称"锯底"或"平头底"。

图 8-14 所示为长春燃气（600333）的 K 线走势图，此股在一波回调走势后的相对低点出现了一个双日最低价持平的平底线形态，这是空方阶段性抛压减轻，多方力量逐步转强的标志，预示着一波反弹上涨走势的出现。

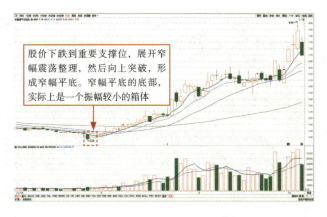

股价下跌到重要支撑位，展开窄幅震荡整理，然后向上突破，形成窄幅平底。窄幅平底的底部，实际上是一个振幅较小的箱体

图8-14　长春燃气K线图

平底线形态是较为可信的见底信号，它表明空方力量正在减弱，而多方力量则开始汇聚，是一种预示价格上涨的信号。

专家提醒

　　平底线出现的频率也很高，可在任何部位出现，但只有处在低价圈或波段底部低点部位的平底线才是可信的买入信号，其他部位出现的平底线就要慎重操作了。

8.4.5 三个白武士攻击形态

　　攻击形态K线组合包括红三兵、三个白武士、多方尖兵、仙人指路等形态。例如，在股价上涨过程中，连续出现3根阳线，每一根阳线的收盘价都要高于前一根阳线的收盘价，这样的K线组合就是三个白武士攻击形态，又叫"前进三兵"或"白色三兵"，如图8-15所示。

形态解析：三个白武士攻击形态是由三根短小的连续上升的阳线组成，K线收盘价一日比一日高，表示"武士"勇敢前进，基础扎实，后市涨幅将加大。
操作策略：三个白武士形态表明股价已经充分换手，积累了一定的上升能量，如若成交量能同步放大，则继续上涨的可能性极大，投资者可以考虑买进。

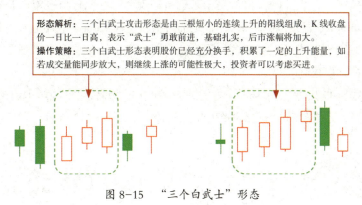

图8-15　"三个白武士"形态

在上涨行情途中，如果出现三个白武士攻击形态，暗示着多方实力逐渐累积，当突破阻力线后，就会产生质变，表现在股价上，就是后市股价飙升，因此该形态是投资者不可错过的盈利机会。

8.4.6 多方尖兵攻击形态

多方尖兵攻击形态由若干根 K 线组成的，一般出现在上涨行情中，如图 8-16 所示。有人将多方尖兵 K 线组合比喻成深入空方腹地的"尖兵"，实际多方尖兵是多方主力发动全面进攻的一次横盘整理，它的出现表示股价大概率会继续上涨，投资者可以积极做多。

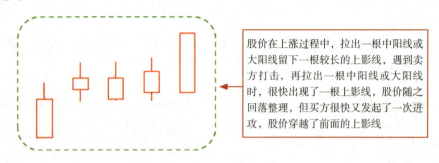

股价在上涨过程中，拉出一根中阳线或大阳线留下一根较长的上影线，遇到卖方打击，再拉出一根中阳线或大阳线时，很快出现了一根上影线，股价随之回落整理，但买方很快又发起了一次进攻，股价穿越了前面的上影线

图 8-16 "多方尖兵"形态

多方尖兵攻击形态是一个横盘整理信号，由于该 K 线组合中的空头力量在制造上影线的过程中已经消耗殆尽，只要多方在短时间内收复上影线就说明其仍掌握着主动权，后市仍看涨。

8.5 技巧 4：利用价值投资

对于投资来说，企业的价值就是未来创造的现金流，而价值投资即是在未来现金流和现在市场价格之间套利。所以，真正的价值投资（Value Investing），就是寻找既能够稳定持续地创造未来现金流的优秀企业，同时又由于该企业未来现金流估值是模糊的，从而在其中获利。

在价值投资的观点中，市场并不总是有效的，在市场无效的时候（即出现连续暴涨、超跌）的时候，才是价值投资者的卖出和买入时机，如图 8-17 所示。

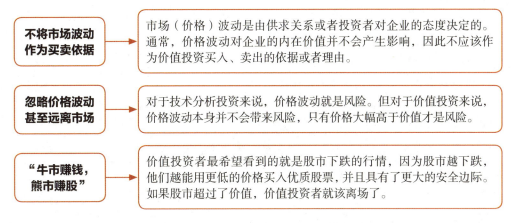

不将市场波动作为买卖依据	→	市场（价格）波动是由供求关系或者投资者对企业的态度决定的。通常，价格波动对企业的内在价值并不会产生影响，因此不应该作为价值投资买入、卖出的依据或者理由。
忽略价格波动甚至远离市场	→	对于技术分析投资来说，价格波动就是风险。但对于价值投资来说，价格波动本身并不会带来风险，只有价格大幅高于价值才是风险。
"牛市赚钱，熊市赚股"	→	价值投资者最希望看到的就是股市下跌的行情，因为股市越下跌，他们越能用更低的价格买入优质股票，并且具有了更大的安全边际。如果股市超过了价值，价值投资者就该离场了。

图 8-17　价值投资的基本原则

　　价值投资是一种常见的投资方式，投资者专门寻找价格被低估的股票。不同于成长型投资人，价值型投资人偏好本益比、账面价值或其他价值衡量基准偏低的股票。

　　价值投资人认为：股票价格围绕"内在价值"上下波动，而"内在价值"可以用一定的方法测定。股票价格长期来看有向"内在价值"回归的趋势，当股票价格低于"内在价值"时，就出现了投资机会。打个简单的比方，价值投资就是"拿五角钱购买一元钱人民币"。

> **专家提醒**
>
> 　　对于一个真正的价值投资者来说，买入股票就成了公司的股东，和高管、基层员工一起扎扎实实办公司、创造财富、造福社会。随着公司越加健康、盈利能力越强，股东获得的回报自然就越丰厚。

8.6 技巧5：利用江恩理论守则

　　江恩理论是投资大师威廉·江恩（Willian D.Gann）通过对数学、几何学、宗教、天文学的综合运用，建立的独特分析方法和测市理论，结合自己在股票和期货市场上的骄人成绩和宝贵经验提出的，包括江恩时间法则、江恩价格法则和江恩线等。

　　威廉·江恩认为，对于所有市场，决定其趋势是最为重要的一点，至于如何决定其趋势，学问便在里面。威廉·江恩认为，对于股票而言，其平均综合指数最为重要，以决定大市的趋势。此外，分类指数对于市场的趋势亦相当有启示性。投资者所选择的股票，应以跟随大市的趋势者为主。若将上面的规则应用在外汇市场上，则"美元指数"将可反映外汇走势的趋向。

江恩理论的主要买卖守则如下。

·将资本分为 10 份，每次入市买卖，损失不会超过资本的十分之一。

·入市时要坚决，犹豫不决时不要入市。买股票切忌只望收息。不要因为不耐烦而入市，也不要因为不耐烦而清仓。做多错多，入市要等待机会，不宜炒卖过密。

·买卖遭损失时，切忌加码，谋求拉低成本，可能积小错而成大错。设下止损位，减少买卖出错时可能造成的损失。入市时设下的止损位，不宜胡乱取消。

·揸沽自如，不应只做单边。不可过量买卖，赔多赚少的买卖不要做。不让所持仓位由盈转亏。避免在不适当的时候进行金字塔式的加码。

·永不对冲。不逆市而为，市场趋势不明显时，宁可在场外观望。只在活跃的市场买卖，买卖清淡时不宜操作。

·避免限价出入市，要在市场中买卖。如无适当理由，避免胡乱更改所持仓位的买卖策略。不要因为价位过低而吸纳，也不要因为价位过高而看空。

·在市场中连战皆胜后，可将部分利润提出，以备急时之需。可用止损位保障所得利润。

第9章
识顶逃顶 高处收网落袋为安

学前提示

在股市中，投资者买入的机会非常多，而卖出的机会往往只有一次。这是由于股价通常运行在头部的时间非常短，大大少于在底部的时间，一旦逃顶不坚决，很可能被长期套牢。因此，投资者在逃顶时要坚决果断，一旦发现信号，要坚决卖出，决不能手软和抱有幻想。

要点展示

>> 初识顶部
>> 技巧 1：利用均线识顶和逃顶
>> 技巧 2：利用成交量识顶和逃顶
>> 技巧 3：利用 MACD 指标识顶和逃顶
>> 技巧 4：利用 BOLL 指标识顶和逃顶
>> 技巧 5：利用 X 线识顶和逃顶

9.1 初识顶部

炒股如同做生意，一有合理的利润，就可以卖出去。有些投资专家，他们买股票准备永远持有，这并没有错，运气好的话，30 年可以翻 20 倍。但其间会有很多的起伏，有时股票会有 50% 的跌幅，这对普通投资者来说是难以承受的。因此，投资者一定要学会判断顶部走势，抓住卖股票的"临界点"。

9.1.1 政策顶特征

中国股市是一个新兴的市场，政策调控将直接影响股市，在历史的走势中，可以看到许多头部是由政策调控造成的。市场见顶的相关政策主要有：银监会、央行对资本市场提出的警惕性文字，或者采取的实质性措施，或者是提高股票交易印花税。

例如，2020 年的上半年，随着国内的各种宽松政策出台，渠道被打开，为股票市场注入资金，各种力量刺激 A 股大涨。2020 年 7 月，上证综合指数编制方案修订版正式实施，股价于 2020 年 7 月 13 日阶段性见顶回调，随后处于长时间的高位震荡横盘阶段。如图 9-1 所示，为 2020 年的上证指数日 K 线图。

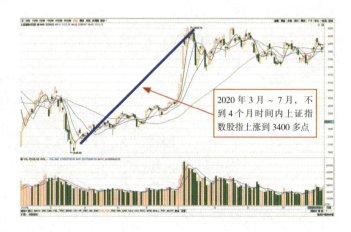

图 9-1　上证指数日 K 线图

因此，一个投资者如想成功逃顶，必须把握住政策导向，广泛搜集政策信息。并通过精心分析这些政策信息，通过政策面的微小变化，及时发现管理层的调控意图，这样才可以领先一步。

9.1.2 顶部市场特征

市场的顶部特征可以用"价升量增"4个字来概括。从市场方面看来，股价与房价的顶部特征非常类似。因为从投资者的心理来看，当市场几经起落，到最后疯狂上涨的时候，看空的人会越来越少，这意味着准备投资或者犹豫的人已经不再徘徊，会疯狂地冲进市场，甚至于很多当时不具备购买能力的人，也会通过负债的方式进入。当股市顶部形成时，市场也会出现一定的特征。

· 在大型股评报告会上，通常会出现人满为患的景象。

· 散户大厅的人突然变多，周围的人都争相谈论挣了大钱。

· 证券交易所门口停的车极多，散户大厅全都是新股民。

· 证券类报纸、杂志销售得比以往要好。

· 许多以往没有接触过股票的人都会来买股票，开户资金大幅提高后再次出现提高现象。

· 可能某个股市新手都敢给你推荐股票，并说这是主力股，并表示目标位要拉到一定的高度。

以上现象出现时，表示市场已在顶部或是顶部区域，投资者应开始减磅离场。

9.1.3 利好顶部特征

在股市中，由于信息的不对称性，主力有时利用掌握的信息在低位开始悄悄进货，并一路推高。等到消息证实时，反而是主力逢高派发的好时机，这种情况被市场称为"见光死"。投资者可以抓住这些个股，等到股票涨了一段时间后，到了比较高的价位，而你已经获利，同时行情又想要回落时，就可以慢慢在高位卖出；或者股票开始振荡了，就可以逢高点出货。

例如，德生科技（002908）公司于2021年6月3日披露信息，已在全国20多个省份发行三代社保卡，该股前期股价一路上涨，量价齐升。结果当日股价高开低走，主力借机在高位出货，收出一根大阴线，形成明显的头部。

因此，当股价已连续上涨非常大的幅度后，出利好消息反而容易形成头部。投资者想学会成功逃顶，就必须了解主力常借利好出货的手法。

9.1.4 顶部技术特征

市场上有"底部百日，顶部三天"的说法，说明逃顶的难度极大。股市中的投资高手，往往也是会逃顶的高手。投资者如想在股票市场上生存和获利，必须学会一些逃顶的技巧和方法。

当一个顶部出现时，技术分析方法可以给出明确的头部信号或卖点信号。如果投资者学好技术分析，将可以在图形上提前发现顶部，如图 9-2 所示。

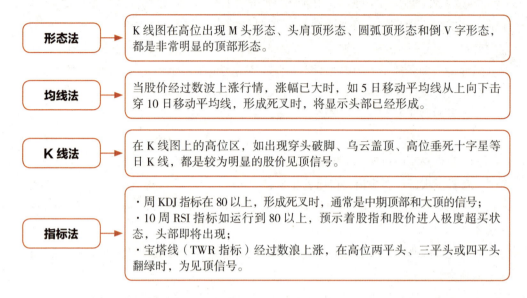

形态法	K 线图在高位出现 M 头形态、头肩顶形态、圆弧顶形态和倒 V 字形态，都是非常明显的顶部形态。
均线法	当股价经过数波上涨行情，涨幅已大时，如 5 日移动平均线从上向下击穿 10 日移动平均线，形成死叉时，将显示头部已经形成。
K 线法	在 K 线图上的高位区，如出现穿头破脚、乌云盖顶、高位垂死十字星等日 K 线，都是较为明显的股价见顶信号。
指标法	·周 KDJ 指标在 80 以上，形成死叉时，通常是中期顶部和大顶的信号； ·10 周 RSI 指标如运行到 80 以上，预示着股指和股价进入极度超买状态，头部即将出现； ·宝塔线（TWR 指标）经过数浪上涨，在高位两平头、三平头或四平头翻绿时，为见顶信号。

图 9-2　顶部技术特征

9.2 技巧 1：利用均线识顶和逃顶

投资者可以利用各种移动平均线来分析和预测股价的走势，该技术被很多长线投资者认为是制胜的法宝。

9.2.1 利用均线识顶

股票操作上首先要看清大势，如果大势向上，才考虑进场，否则一旦大盘处在顶部，则随时可能进入下降趋势中，最好不要入市。除非你是短线高手，才能够把握每次短线反弹获取利润，但那是"刀口舔血"的行为，对一般人是不适合的。

那么，如何研判大盘趋势呢？最简单的方式就是看均线，下面列举了一些通过均线识顶的方法，如图 9-3 所示。

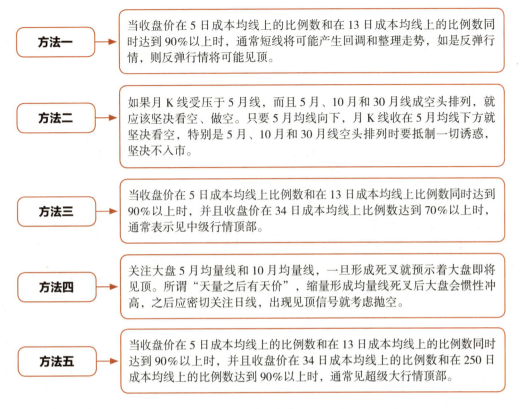

方法一 当收盘价在 5 日成本均线上的比例数和在 13 日成本均线上的比例数同时达到 90％以上时，通常短线将可能产生回调和整理走势，如是反弹行情，则反弹行情将可能见顶。

方法二 如果月 K 线受压于 5 月线，而且 5 月、10 月和 30 月线成空头排列，就应该坚决看空、做空。只要 5 月均线向下，月 K 线收在 5 月均线下方就坚决看空，特别是 5 月、10 月和 30 月线空头排列时要抵制一切诱惑，坚决不入市。

方法三 当收盘价在 5 日成本均线上比例数和在 13 日成本均线上比例数同时达到 90％以上时，并且收盘价在 34 日成本均线上比例数达到 70％以上时，通常表示见中级行情顶部。

方法四 关注大盘 5 月均量线和 10 月均量线，一旦形成死叉就预示着大盘即将见顶。所谓"天量之后有天价"，缩量形成均量线死叉后大盘会惯性冲高，之后应密切关注日线，出现见顶信号就考虑抛空。

方法五 当收盘价在 5 日成本均线上的比例数和在 13 日成本均线上的比例数同时达到 90％以上时，并且收盘价在 34 日成本均线上的比例数和在 250 日成本均线上的比例数达到 90％以上时，通常见超级大行情顶部。

图 9-3　利用均线识顶

专家提醒

投资者操作前首先应该看月线、周线，判断出大势后再利用日线来决定买进和卖出的最佳时机。投资者操作前应先多关注趋势线（包括长、短期趋势线），做股票只做处在上升趋势线的股票，同时关注均线排列情况和成交量情况，然后根据 K 线或者 K 线组合形态来决定股票的买、卖操作。

9.2.2　利用均线逃顶

在股价运行的过程中，各种组合的移动平均线会在某个方向上持续某种规则的运行，从而形成多头排列和空头排列形态，这两种形态是最具分析意义的排列形态。在横盘整理阶段，多空双方搏击，短期移动平均线和中长期移动平均线很容易与股价黏合形成不规则排列。盘整时间越久，均线发生不规则排列的概率就越大。若多方势力大于空方势力，则行情将上涨；若空方势力大于多方势力，则表示行情见顶，后市将会下跌。下面以飞亚达（000026）为例，介绍利用均线逃顶的技巧。

步骤 ① 飞亚达股价依托 5 日均线经历了大幅上涨的行情，并在 2021 年 4 月 1 日运行到高位，如图 9-4 所示。

步骤 ② 4 月 12 日，股价高开低走收大阴线跌破所有短期均线，随后横盘整理，短期均线走势杂乱，如图 9-5 所示。

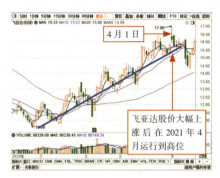

图 9-4　利用均线逃顶（1）

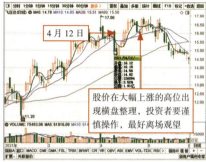

图 9-5　利用均线逃顶（2）

步骤 ③ 2021 年 5 月 19 日，股价低开低走收大阴线跌破 60 日均线，短期均线拐头向下呈空头排列，并与 60 日均线形成死叉，说明空方势力强于多方势力，后市看跌，投资者应顺势做空，如图 9-6 所示。

步骤 ④ 次日，股价继续走弱，60 日均线拐头向下，说明行情发生逆转，投资者应立即止损逃顶，如图 9-7 所示。

图 9-6　利用均线逃顶（3）

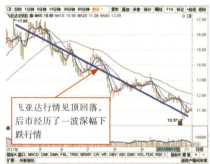

图 9-7　利用均线逃顶（4）

9.3 技巧 2：利用成交量识顶和逃顶

股谚云："股市上什么都能骗人，唯有成交量不能骗人。"K 线可以骗人，技术指标可以骗人，但是成交量一般不会骗人，特别是周线和月线级别的成交量，更不会骗人！因此，投资者必须学会利用成交量识顶和逃顶。

9.3.1 利用成交量识顶

成交量在股市里应该算是常识，是最简单和最有效的指标，就因为它太简单了，太容易了，所以往往被绝大多数投资者忽略了。当顶部来临的时候，充满投资者内心的往往不是风险，而是贪婪。对他们来说，顶部不是获利的机会，而是让他们发大财的机会，他们却没想到那只是一个甜蜜的陷阱。成交量是一个极其重要且较难掌握的信号，只有经验丰富的投资者才能辨别，如图 9-8 所示。

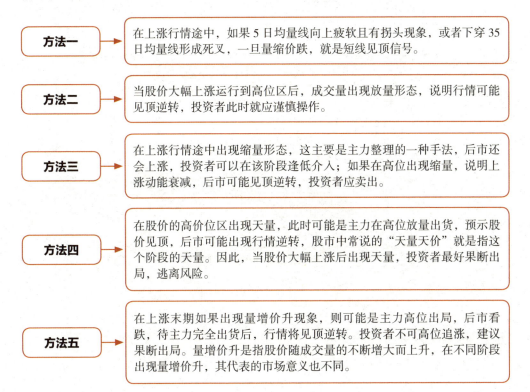

方法一　在上涨行情途中，如果 5 日均量线向上疲软且有拐头现象，或者下穿 35 日均量线形成死叉，一旦量缩价跌，就是短线见顶信号。

方法二　当股价大幅上涨运行到高位区后，成交量出现放量形态，说明行情可能见顶逆转，投资者此时就应谨慎操作。

方法三　在上涨行情途中出现缩量形态，这主要是主力整理的一种手法，后市还会上涨，投资者可以在该阶段逢低介入；如果在高位出现缩量，说明上涨动能衰减，后市可能见顶逆转，投资者应卖出。

方法四　在股价的高价位区出现天量，此时可能是主力在高位放量出货，预示股价见顶，后市可能出现行情逆转，股市中常说的"天量天价"就是指这个阶段的天量。因此，当股价大幅上涨后出现天量，投资者最好果断出局，逃离风险。

方法五　在上涨末期如果出现量增价升现象，则可能是主力高位出局，后市看跌，待主力完全出货后，行情将见顶逆转。投资者不可高位追涨，建议果断出局。量增价升是指股价随着成交量的不断增大而上升，在不同阶段出现量增价升，其代表的市场意义也不同。

图 9-8　利用成交量识顶

┌───┐

专家提醒

天量是指在股价运行过程中突然放出巨大的量能（至少是前一天成交量的两倍以上）；地量是指个股成交量呈现出极度缩小的状态，并且一般还具有一定的持续性。地量通常出现在下跌行情的末期，是行情见底的重要反转信号。

└───┘

9.3.2 利用成交量逃顶

成交量是股市的元气，股价则不过是它的表面现象而已。成交量通常比股价先行，股市上有"先见量后见价"之说。

下面以中国石化（600028）为例，介绍利用成交量逃顶的技巧。

步骤 ① 中国石化在 2021 年 3 月 24 日成交量缩量，股价回落跌破所有均线后，随后股价在 60 日均线处获得支撑继续上涨，但上涨动能衰减，主力可能高位出货，投资者果断卖出，如图 9-9 所示。

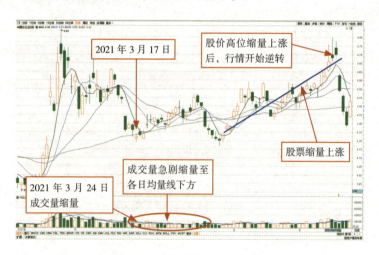

图 9-9　利用成交量逃顶（1）

┌───┐

专家提醒

在行情下跌途中，如果成交量出现缩量形态，说明后市还将继续下跌，投资者应果断卖出，离场观望。待股价下跌到一个低位出现放量后再介入，不失为一种有效的投资手段。

└───┘

步骤 2 2021 年 6 月初，股价放量拉升反弹，5 日均量线出现疲软，随后股价继续走弱，60 日均线拐头向下，说明行情发生逆转，投资者应立即止损逃顶，如图 9-10 所示。

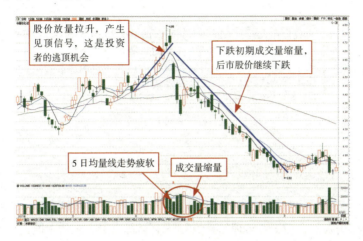

图 9-10　利用成交量逃顶（2）

9.4　技巧 3：利用 MACD 指标识顶和逃顶

由于 MACD 指标具有均线的趋势性、稳定性等特点，对买进和卖出的时机有重要的指导作用，被很多人认为是较有效的识顶和逃顶技术手段。

9.4.1　利用 MACD 指标识顶

MACD 指标的用法大体上有两种：运用 DIF 和 DEA 的金叉和死叉；运用 DIF 的背离。利用 MACD 指标识顶的具体方法如图 9-11 所示。

专家提醒

金叉和死叉存在明显的滞后性，且在震荡市中不易操作。并且，金叉买入、死叉卖出的成功率，经过统计之后，被发现并不是很高。尤其在熊市的短线反弹中，如果使用金叉做买，很容易由于滞后性买到最高点（即顶部）；而在牛市中，如果使用死叉做卖，则很容易卖到最低点（即底部）。一般情况下，MACD 的 DIF 会跟随股价的走势同涨同跌。背离则指的是，如果股价创出新高，但是 DIF 不创新高；或者股价创出新低，DIFF 不创新低。

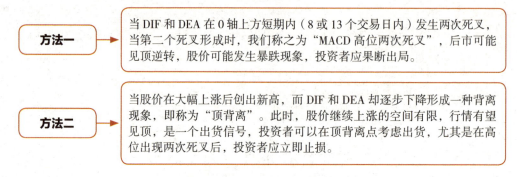

方法一	当 DIF 和 DEA 在 0 轴上方短期内（8 或 13 个交易日内）发生两次死叉，当第二个死叉形成时，我们称之为"MACD 高位两次死叉"，后市可能见顶逆转，股价可能发生暴跌现象，投资者应果断出局。
方法二	当股价在大幅上涨后创出新高，而 DIF 和 DEA 却逐步下降形成一种背离现象，即称为"顶背离"。此时，股价继续上涨的空间有限，行情有望见顶，是一个出货信号，投资者可以在顶背离点考虑出货，尤其是在高位出现两次死叉后，投资者应立即止损。

图 9-11　利用 MACD 指标识顶

9.4.2　利用 MACD 指标逃顶

在实际投资中，MACD 指标不但具备抄底（背离是底）、捕捉极强势上涨点（MACD 连续二次翻红买入）、捕捉"整理结束点"（上下背离买入）的功能，在一定程度上使投资者尽享买后就涨的乐趣。同时，MACD 指标还具备使投资者捕捉到最佳卖点，帮投资者成功逃顶的功能，让投资者可能享受到丰收后的快乐。

例如，2021 年 1 月至 2 月，处于上涨走势的三一重工（600031）的 MACD 指标形态顶背离走势，预示着股价的上涨走势即将结束，发出见顶看跌信号，如图 9-12 所示。

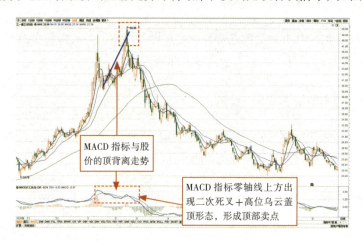

图 9-12　三一重工日 K 线

从上图可以看出，2021 年初三一重工的 MACD 指标在 0 轴线上方出现第二次死叉，表明股价的上涨走势结束，同时在 K 线走势中出现高位乌云盖顶形态。3 个看跌信号得到相互验证后，顶部卖点出现。

在上涨走势中，当股价不断创出阶段性新高的同时，MACD 指标的阶段性高点不但没有逐步抬高，反而逐级降低，从而形成一种背离走势。这种形态意味着多方的力量在股价持续上涨期间消耗过大，维持股价继续上涨的动能已经很弱，随时可能会出现顶部，此时投资者可以获利了结。

9.5 技巧4：利用 BOLL 指标识顶和逃顶

BOLL 轨道线是系统内置的一种指标，包括上轨线、中轨线和下轨线。本节将介绍利用 BOLL 指标识顶和逃顶的具体方法。

9.5.1 利用 BOLL 指标识顶

BOLL 轨道线的买卖点分析主要是通过 K 线与上下轨线的突破来确定的。利用 BOLL 指标识顶的方法如图 9-13 所示。

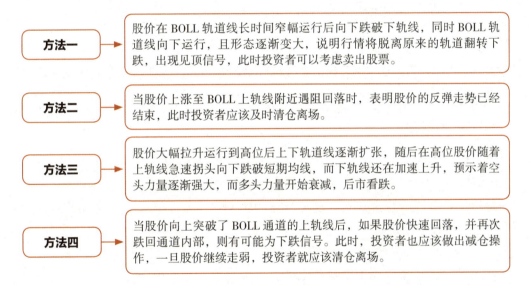

方法一 股价在 BOLL 轨道线长时间窄幅运行后向下跌破下轨线，同时 BOLL 轨道线向下运行，且形态逐渐变大，说明行情将脱离原来的轨道翻转下跌，出现见顶信号，此时投资者可以考虑卖出股票。

方法二 当股价上涨至 BOLL 上轨线附近遇阻回落时，表明股价的反弹走势已经结束，此时投资者应该及时清仓离场。

方法三 股价大幅拉升运行到高位后上下轨道线逐渐扩张，随后在高位股价随着上轨线急速拐头向下跌破短期均线，而下轨线还在加速上升，预示着空头力量逐渐强大，而多头力量开始衰减，后市看跌。

方法四 当股价向上突破了 BOLL 通道的上轨线后，如果股价快速回落，并再次跌回通道内部，则有可能为下跌信号。此时，投资者也应该做出减仓操作，一旦股价继续走弱，投资者就应该清仓离场。

图 9-13 利用 BOLL 指标识顶的方法

9.5.2 利用 BOLL 指标逃顶

BOLL 通道的上轨线和中轨线对股价的上涨均具有一定的阻力作用，其中上轨线的阻力作用略大于中轨线的阻力。所以，一般用 BOLL 指标判断股价的反转或反弹走势时，通常会以股价能否突破 BOLL 通道上轨线的阻力为标准。

如图 9-14 所示，2021 年 2 月初，一直沿 BOLL 通道下轨线运行在下跌趋势中的同方股份（600100）出现止跌回升走势。而到了 6 月初时，该股股价上涨至 BOLL 通道上轨线附近时，遇阻回落，这个形态表明股价的反弹走势见顶终结，随后股价将要继续下跌，形成"卖点 1"。

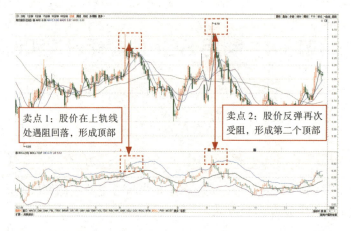

图 9-14　同方股份日 K 线

同方股份经过一段时间的震荡下跌后，再次止跌回升，并再次在 BOLL 通道的上轨线附近遇阻回落。这个形态预示着同方股份的股价还有一定的下跌空间，此时产生"卖点 2"。

专家提醒

在下跌趋势中，一般股价会运行在 BOLL 通道的中轨线下方，当出现止跌回升走势时，如果股价能够顺利突破 BOLL 通道上轨线，则股价可能已经反转；如果股价在上轨线处遇阻回落，则意味着股价的反弹走势结束，随后将可能继续下跌。

有时候，股价向上突破上轨线后，通常股价会沿着上轨线快速上涨，但并不一定总运行在上轨线的上方，所以此时因股价对于跌破上轨线的看跌信号较弱，投资者可以根据其他技术指标进行卖点的选择。

9.6　技巧 5：利用 X 线识顶和逃顶

X 线又称交叉线，也是用于分析和预测行情运行趋势的一种工具。与趋势线、轨道线不同的是，X 线是顶部和底部的连接线，至少需要间隔一个顶部和底部。本节将介绍利用 X 线识顶和逃顶的方法。

9.6.1 利用Ｘ线识顶

Ｘ线实际上是趋势线的延伸使用，即当前的趋势线被突破以后与价格曲线相交。这被突破的趋势线仍然有效，只是支撑和阻力的作用方向相反。利用Ｘ线识顶的方法如图9–15所示。

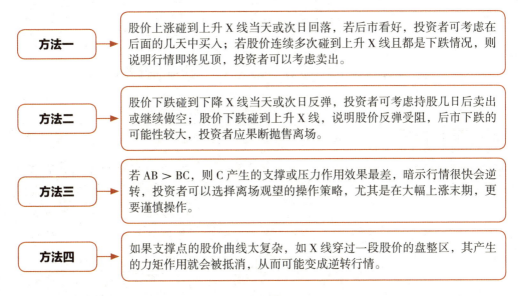

方法一	股价上涨碰到上升Ｘ线当天或次日回落，若后市看好，投资者可考虑在后面的几天中买入；若股价连续多次碰到上升Ｘ线且都是下跌情况，则说明行情即将见顶，投资者可以考虑卖出。
方法二	股价下跌碰到下降Ｘ线当天或次日反弹，投资者可考虑持股几日后卖出或继续做空；股价下跌碰到上升Ｘ线，说明股价反弹受阻，后市下跌的可能性较大，投资者应果断抛售离场。
方法三	若AB＞BC，则C产生的支撑或压力作用效果最差，暗示行情很快会逆转，投资者可以选择离场观望的操作策略，尤其是在大幅上涨末期，更要谨慎操作。
方法四	如果支撑点的股价曲线太复杂，如Ｘ线穿过一段股价的盘整区，其产生的力矩作用就会被抵消，从而可能变成逆转行情。

图9–15　利用Ｘ线识顶的方法

专家提醒

Ｘ线理论也可以被形象地称为剪刀原理，其理论基础是力矩原理，它有3个点，分别是施力点A（Ｘ线的起点）、支撑点B（Ｘ线的焦点）和受力点C（Ｘ线的终点）。Ｘ线是向着行情走势右方无限延伸的，因此其产生的作用持续存在。

9.6.2 利用Ｘ线逃顶

Ｘ线的使用效果非常好，由于股价是在围绕一个趋势不断波动的，既然有了波动也就有了利润的空间，那么Ｘ线就为投资者提供了一个很好的支撑点。依照这个支撑点，投资者可以准确地把握股票的调整空间以及区间压力位。

如图9–16所示，2020年4～12月，燕京啤酒（000729）在这段时间的上升行情中，间隔一个或多个顶部后将底部连接到顶部形成上升Ｘ线。该Ｘ线可以用于寻找股价阶段性高位回落时受到的压力位，形成多个顶部卖点。

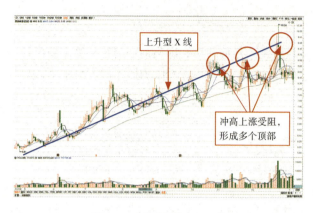

图 9-16　燕京啤酒日 K 线

专家提醒

　　X 线的连接点不一定必须是明显的顶部或底部，任意转折的高点或低点连接起来的 X 线都具有一定的效果，但是如果选择的连接点是重要的顶部或底部，则其所连接起来的 X 线肯定会比一般转折点连接成的 X 线更可靠。

　　（1）B 型上升 X 线：在下降行情中，间隔一个或多个顶部后将底部连接到顶部形成 B 型上升 X 线，该 X 线用于寻找股价反弹上涨时受到的压力位。

　　（2）下降 X 线：在下降行情中，间隔一个或多个顶部后将顶部连接到底部形成下降 X 线，该 X 线用于寻找股价下跌反弹时获得的支撑位。

　　（3）B 型下降 X 线：在上升行情中，间隔一个或多个顶部后将顶部连接到底部形成 B 型下降 X 线，该 X 线用于寻找股价阶段性顶部回落获得的支撑位。

CHAPTER

第 10 章
顺势而为 善于跟踪主力资金

学前提示

在股市这个没有硝烟的战场中，主力的利润正是来源于散户投资者群体的普遍亏损。俗话说"知己知彼，百战不殆"，尤其是对于广大的散户投资者来说，必须要学会看清主力、跟随主力，这样才能更容易在股市中赢得胜利。

要点展示

　　≫　怎样识别主力资金
　　≫　分析 1：主力建仓盘面
　　≫　分析 2：主力整理盘面
　　≫　分析 3：主力买入盘面
　　≫　分析 4：主力出货盘面

10.1 怎样识别主力资金

　　股市中，倍受青睐的无疑是涨幅翻倍的潜力股，同时也是主力资金积极投资的对象。作为一名投资者，如果能够持有一只具备上升潜力的股票，未来将大概率会获利丰厚。当然，持有潜力股的前提是首先要学会识别主力资金。

10.1.1 了解主力的操盘步骤

　　由于主力是大户投资者，他为了达到盈利的目的，会通过操盘的手法来在股市中获利。主力投资个股时惯用的操作手法包括建仓、整理、买入、出货、扫尾，如图 10-1 所示。

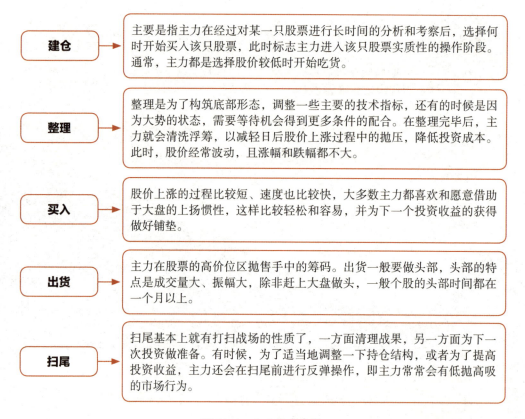

图 10-1　主力操盘步骤

10.1.2 了解主力的人员结构

要了解主力投资个股的整个流程，就必须先清楚主力的人员组成结构。股市上的主力主要是指持股数较多的投资者，包括机构、大户或者上市公司本身。

一般来说，不同类型的主力资金，如有政府背景的主力资金、以基金为主的主力资金、券商主力资金、上市公司主力资金或私募主力资金等，其人员分工差异很大。常见的可以分为这几个角色：总管、调研人员、公关人员、调资员和操盘手5种，如图10-2所示。

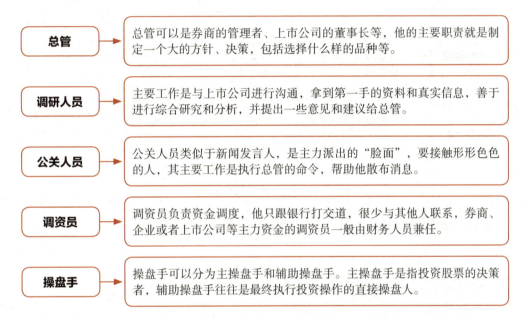

总管	总管可以是券商的管理者、上市公司的董事长等，他的主要职责就是制定一个大的方针、决策，包括选择什么样的品种等。
调研人员	主要工作是与上市公司进行沟通，拿到第一手的资料和真实信息，善于进行综合研究和分析，并提出一些意见和建议给总管。
公关人员	公关人员类似于新闻发言人，是主力派出的"脸面"，要接触形形色色的人，其主要工作是执行总管的命令，帮助他散布消息。
调资员	调资员负责资金调度，他只跟银行打交道，很少与其他人联系，券商、企业或者上市公司等主力资金的调资员一般由财务人员兼任。
操盘手	操盘手可以分为主操盘手和辅助操盘手。主操盘手是指投资股票的决策者，辅助操盘手往往是最终执行投资操作的直接操盘人。

图10-2 主力的人员组成结构

10.1.3 了解主力选股的依据

主力一般都慧眼独具，会看中那些久久地在低位横盘、每日成交量如豆粒状的个股。这样的个股，散户通常不会太注意，或者视之为鸡肋，但正是这类股票，一旦被激活，不待扬鞭自奋蹄，便会势如破竹，其价格会快速飙升。

主力用资金这只"看不见的手"决定着某股是否有行情以及行情的大小。因此，散户选股时不能单从个人喜好出发，而应首先看看主力喜欢什么样的股票，买入有实力主力资金投资的股票。

选择目标股的实质就是对市场信息和自身研发能力的评断。主力会对目标股的基本面及其改观潜力、技术面、题材和概念、操作价值等方面进行全面考察，而最后确定最恰当的投资时间，如图 10-3 所示。

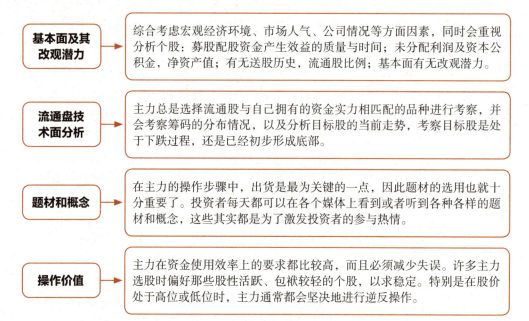

基本面及其改观潜力	综合考虑宏观经济环境、市场人气、公司情况等方面因素，同时会重视分析个股：募股配股资金产生效益的质量与时间；未分配利润及资本公积金，净资产值；有无送股历史，流通股比例；基本面有无改观潜力。
流通盘技术面分析	主力总是选择流通股与自己拥有的资金实力相匹配的品种进行考察，并会考察筹码的分布情况，以及分析目标股的当前走势，考察目标股是处于下跌过程，还是已经初步形成底部。
题材和概念	在主力的操作步骤中，出货是最为关键的一点，因此题材的选用也就十分重要了。投资者每天都可以在各个媒体上看到或者听到各种各样的题材和概念，这些其实都是为了激发投资者的参与热情。
操作价值	主力在资金使用效率上的要求都比较高，而且必须减少失误。许多主力选股时偏好那些股性活跃、包袱较轻的个股，以求稳定。特别是在股价处于高位或低位时，主力通常都会坚决地进行逆反操作。

图 10-3　主力选股的依据

专家提醒

　　主力通常会研究投资对象，等待最佳时机进入股市。在主力看来，摸准行情配合大盘投资比控制行情更重要。主力在选择进场时机时，主要考虑以下两个因素。

　　（1）考察国民经济状况。好的经济环境能够鼓舞市场参与者的信心，吸引更多的投资者进入市场、活跃股市，这有利于主力的投资。

　　（2）借助中期上涨大势。如果在大行情之前没有动手，主力会在大势中途借助于上涨之中的调整及时进入股市。

10.1.4　用换手率识别主力

　　换手率也称周转率，是指在一定时间内市场中股票转手买卖的频率，是反映股票流通性强弱的指标之一。一只股票的换手率越高，则说明该股越活跃，主力入驻的可能性就比较大。其具体判断方法可从换手率与股价走势的关系以及累计换手率值两个方面进行分析。

1. 换手率与股价走势关系

挖掘领涨板块首先要做的就是挖掘热门板块，判断是否属于热门股的有效指标之一便是换手率。换手率越高，股性越趋于活跃。对于换手率与股价走势的关系，可以参考图10-4所示的数据。

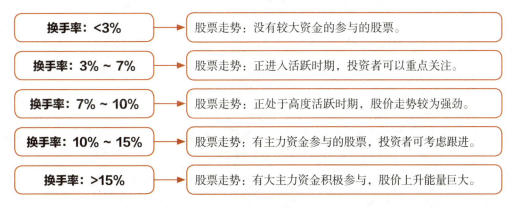

换手率：<3%	→	股票走势：没有较大资金的参与的股票。
换手率：3% ~ 7%	→	股票走势：正进入活跃时期，投资者可以重点关注。
换手率：7% ~ 10%	→	股票走势：正处于高度活跃时期，股价走势较为强劲。
换手率：10% ~ 15%	→	股票走势：有主力资金参与的股票，投资者可考虑跟进。
换手率：>15%	→	股票走势：有大主力资金积极参与，股价上升能量巨大。

图 10-4 换手率与股价走势关系

投资者在选股的时候可将每天的换手率连续成倍放大的个股放进自选或者笔记本中，再根据一些基本面以及其他技术面结合起来精选出其中的最佳品种。

专家提醒

投资者需要注意的是，强主力股在不同的市场环境下，其定义不同。在强势市场环境下，涨幅翻倍的股票属于强主力股；在弱势市场环境下，涨幅超过同期大盘走势的股票属强主力股。因此，在定义强主力股的时候，必须要考虑同期大盘的走势。

2. 累计换手率值

换手率在市场中是很重要的参考数据，应该说它远比技术指标和技术图形更靠得住，假如从造假成本的角度考虑，尽管交易印花税、交易佣金已大幅降低，但成交量越大所缴纳的费用就越高是不争的事实。

在K线图上的技术指标、图形、成交量三个要素中，成交量应该是最难作假的。因此，研判成交量甚至换手率对于判定一只股票未来的成长有很大的辅佐作用。

在 3 ~ 5 个月内，股票的换手率如果累计超过了200%，近期股票换手率高于前一阶段股票换手率的80%以上，且这种换手率呈持续增加的趋势，此时也可以判断该股票可能有主力入驻。

例如，中直股份（600038）的股价在 2021 年初经过大幅下跌后，进行了一段时间的底部横盘；7 月 23 日，股价低开高走收阳止跌企稳，此时换手率只有 1.84%，随后股价继续攀升，连续两次跳空后拉高股价；8 月 4 日，换手率达到 3.24%，正式进入活跃期，可能有主力入驻，如图 10-5 所示；随后，股价依托 5 日均线逐步攀升，后市股价在 60 日均线上方走出一波良好的上升行情。

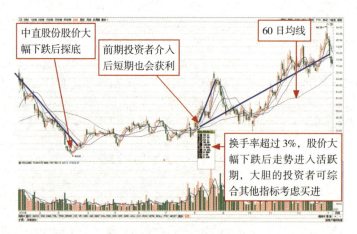

图 10-5　中直股份日 K 线

从上面的案例可以看出，底部放量的股票，其换手率高，表明新资金介入的迹象较为明显，未来的上涨空间相对较大，越是底部换手充分，上行中的抛压越轻。此外，强势股就代表了市场的热点，因而有必要对它们加以重点关注。

专家提醒

换手率高一般意味着股票流通性好，进出市场比较容易，不会出现想买买不到、想卖卖不出的现象，具有较强的变现能力。然而值得注意的是，换手率较高的股票，往往也是短线资金追逐的对象，股价起伏较大，风险也相对较大。

10.1.5　用成交量识别主力

通常情况下，随着股价上涨，成交量会同步放大，某些主力投资的个股随着股价上涨，成交量反而缩小，股价往往能一涨再涨，对这些个股可重势不重价；主力持有大量筹码的个股，在其上涨的过程中，只要不放大量，就可一路持有。

例如，2020 年上半年，宝钢股份（600019）股价在大幅下跌后期，成交量急速萎缩，

2020 年 7 月 6 日，股价止跌企稳，在上升过程中，成交量明显增大并突破 135 日均量线，资金发生异动，如图 10-6 所示。之后，股价在 5.00 ~ 6.50 价位区间附近间断性宽幅振荡，说明该股可能有主力入驻，投资者可做好买进准备。随后，股票放量突破前期盘整高点持续走高，后市股价在 60 日均线上方大幅上涨。

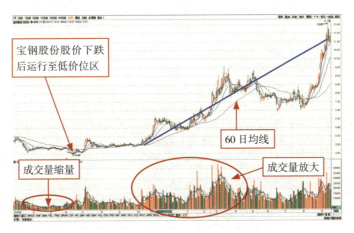

图 10-6　宝钢股份日 K 线

专家提醒

　　股价在大幅下跌过程中，成交量并不大，当运行到底部横盘整理时，成交量较前期下跌过程明显增大，且股价间断性地出现宽幅振荡，同时多次出现较大成交量，但股价并未出现明显上涨，此时可以判断主力可能进场。

10.2 分析 1：主力建仓盘面

　　主力在操盘前会在股价的低位区大量吸筹建仓，而成本的高低是主力最终获利多少的决定因素。因此，主力总是会想尽一切可能的办法来降低持仓成本。

10.2.1 主力建仓的 5 种方式

　　其实，主力建仓的过程就是一个筹码换手的过程。在这个过程之中，主力为买方，股民为卖方。只有在低位充分完成了筹码换手，吸筹阶段才会结束，发动上攻行情的条件才趋于成熟。主力的吸筹区域就是其持有股票的成本区域。如图 10-7 所示，分析了主力建仓的 5 种常用方式。

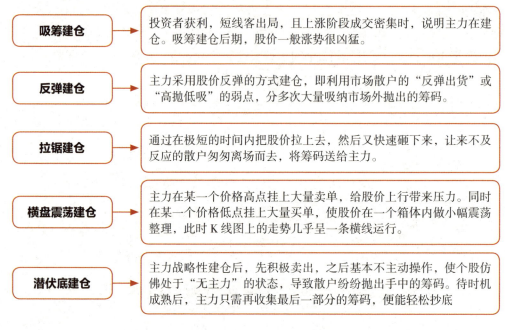

吸筹建仓	投资者获利，短线客出局，且上涨阶段成交密集时，说明主力在建仓。吸筹建仓后期，股价一般涨势很凶猛。
反弹建仓	主力采用股价反弹的方式建仓，即利用市场散户的"反弹出货"或"高抛低吸"的弱点，分多次大量吸纳市场外抛出的筹码。
拉锯建仓	通过在极短的时间内把股价拉上去，然后又快速砸下来，让来不及反应的散户匆匆离场而去，将筹码送给主力。
横盘震荡建仓	主力在某一个价格高点挂上大量卖单，给股价上行带来压力。同时在某一个价格低点挂上大量买单，使股价在一个箱体内做小幅震荡整理，此时K线图上的走势几乎呈一条横线运行。
潜伏底建仓	主力战略性建仓后，先积极卖出，之后基本不主动操作，使个股仿佛处于"无主力"的状态，导致散户纷纷抛出手中的筹码。待时机成熟后，主力只需再收集最后一部分的筹码，便能轻松抄底

图 10-7　主力建仓的 5 种方式

专家提醒

　　在上市公司披露的信息中，通常都会将股东的持股情况公布出来，这个数据的变动情况也可以作为分析主力是否进场的一个很巧妙的指标。股东人数的大幅度减少意味着二级市场上流通筹码的集中，股东人数越少，股东平均持股量增加，意味着筹码集中的程度越高，则主力入驻的可能性就越大。

10.2.2　股价低位建仓

　　股价低位建仓是指股价有高开低走的走势形成弱势现象，使投资者因为恐慌而抛售手中的筹码，主力则乘机在低价位中采用小单的方式大量吸筹建仓。

　　如图 10-8 所示，为保利发展（600048）2020 年 9 月至 2022 年 1 月的日 K 线走势图，当股价下跌到了真正的底部以后，在成交量放大的情况下，股价出现了短线上涨的走势，此时量价的配合说明主力正在低价位区建仓。此时，投资者可以选择恰当的位置进行操作，或是等主力建仓完毕以后在突破点买入。

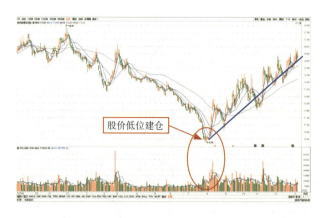

图 10-8　保利发展日 K 线

股价低位建仓的主要特征如表 10-1 所示。

表 10-1　股价低位建仓的主要特征

特征	说明
外部环境	指数下跌或牛市中的调整，不会在指数上涨时使用
股价低位建仓的原因	当主力达不到顶部建仓的目的时，通常就会使用股价低位建仓的方式
散户的心理	投资者害怕股价下跌，尤其放量的大阴线出现后，散户会马上卖出股票，主力接盘后，股价马上又拉了上去，与真正的下跌有区别
上涨前最低点	一旦投资者看到了主力采用股价低位建仓的方式，往往这个区间就是上涨前的最低点，投资者要敢于逢低进入
建仓的转换	当牛市的时候，不再股价低位建仓，反而积极买入采用温和上涨建仓方式
与放量下跌的区别	股价低位建仓后股价会涨上去，而放量下跌是真正的下跌，股价不会涨上去

　　主力通常在股价下跌时就开始入驻个股进行操作，并运用早期锁定的一部分筹码，不计成本地大幅度向下砸盘来快速出货，甚至有些主力不惜以连续跌停的方式进行操作，日 K 线图上表现出来的是股价的连续下跌。与此同时，上市公司的利空消息也会不断出现，从而引起市场投资者的恐慌心理，于是纷纷卖出手中的股票。

10.2.3 温和上涨建仓

　　由于主力入驻个股后，买盘逐渐增多，主力为了不引起散户的注意，就会采取温和上涨的方式来建仓。

　　例如，浙江广厦（600052）股价在 2020 年和 2021 年经过大幅下跌后，在 2021 年 2 月初运行到低位，企稳回升。2 月 18 日股价跳空高开放量上涨，随后成交量急剧萎缩，股价一路震荡下跌，股价当日以高于上个交易日的收盘价收阴，成交量阴量放大，次日股价继续走强。随后，股价逐渐攀升，成交量也波动变化，并多次出现巨阴量上涨，主力建仓信号非常明显，如图 10-9 所示。

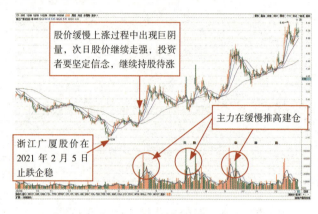

图 10-9　浙江广厦日 K 线

温和上涨建仓的主要特征如表 10-2 所示。

表 10-2　温和上涨建仓的主要特征

特征	说明
时间区间	牛市刚刚启动时期，主力抓紧建仓
建仓特点	阳线多于阴线，大实体阳线出现，股价升幅慢，主力是在告诉别人："我在这建仓了"，这样别的资金不会介入
建仓区间	下跌止稳，首次放量处附近将是主力建仓区间
主力成本	由于这种建仓方式提高了成本，此后只有持续买入才能弥补损失
判断方法	投资者一定要在下跌结束与上涨初期进行分析，下跌结束是资金入场最及时的信号，成交量一定要形成明显且连续放大的迹象

10.3　分析 2：主力整理盘面

在主力入驻个股建仓后，股价出现了一定的上涨，为降低后期的投资成本，主力通常会多次进行整理来清理浮筹，使那些持股意志不坚定的获利盘和跟风盘退出。

10.3.1　短线暴跌整理

主力采用短线暴跌整理的目的是将在低位买入股票的投资者清理出局，让他们在相对高位将股票卖给新入场的普通投资者，从而提高普通投资者的持仓成本，主力此时也会逢低吸纳一些筹码。在这个过程中，成交量都是缩量，且股价不能跌破均线的支撑，即使跌破也会很快拉回，否则下跌趋势将持续。

如图10-10所示，为中国天楹（000035）在2021年2~11月的几次短线暴跌整理盘面。

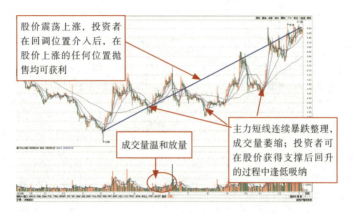

图 10-10　中国天楹日 K 线

专家提醒

在短线暴跌整理期间，主力在低位买入的筹码并未抛出，而现实交易中也确实有大量投资者在大盘及个股短线暴跌的过程中卖出了股票，又有不少投资者为了在相对低位抢反弹买入了股票，但这个"相对低位"仍比主力的平均持筹成本要高，这部分投资者客观上也在日后股价上涨的过程中帮主力锁定了筹码。

10.3.2　缩量横盘整理

缩量横盘整理主要是股价在上升过程中出现缩量横盘的形态，主力采用该方式整理，主要是通过较长时间的滞涨，使前期获利盘失去持股耐心从而抛售手中的筹码。

主力通过放量整理可以清除许多低成本的获利盘，同时也在巨量出现时进行加仓买入，但这种放量整理也会给其他聪明的机构逢低买入的机会，造成原有主力手中筹码的丢失，有一定的危险性。

如图10-11所示，为东旭蓝天（000040）于2021年中旬的缩量横盘整理过程。

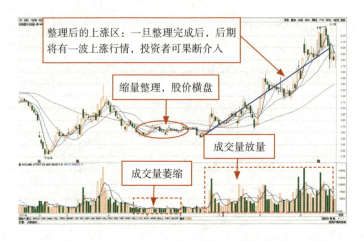

图 10-11　东旭蓝天日 K 线

专家提醒

　　主力为了达到整理的目的又不失去手中筹码，就会采取另一种无量整理的方法。主力无量整理的 K 线形态表现为在股价下跌的过程中成交量越来越小，与前期的放量相比，当前的量能大幅萎缩。缩量整理在技术形态上很容易区分。此时，投资者在买入的安全性方面也比放量买入的安全性要高得多，因为主力是无法在不断萎缩的成交量中完成出货操作的。

10.4　分析3：主力买入盘面

　　在股市中，主力在完成建仓和整理盘面的工作后，通常会通过操盘手段主动助推股价上涨，而散户只能等待股价上涨。因此，在前期未介入的散户投资者，在这个阶段逢低介入，短期持有也可能会获利。

　　一般来讲，主力在盘中买入时往往多会产生急速助推、缓慢助推、波段助推和震荡式助推的形式，但无论其使用何种形式，都必须有量的配合，没有量的配合就无法推动股价的上涨。

　　例如，急速助推是指主力在短时间内通过大量的成交量促进股价大幅上涨，甚至涨停，一般情况下，如果出现这种情况，说明主力的资金实力雄厚，在上涨初期，投资者可建仓并持股待涨。

　　如图 10-12 所示，为皇庭国际（000056）的急速上涨盘面分析。主力主动使股价上涨，后市看涨，将有一波大幅上涨行情，投资者可果断介入。

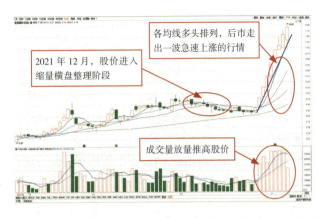

图 10-12　皇庭国际日 K 线

当然，主力积极参与的股票及短期内市场一致看好的股票，在短期暴涨时会出现缩量上涨的情况，那是因为市场筹码被高度锁定的原因，这在日 K 线图中不易看出来，但在分时图上依然可看出有量的配合，如图 10-13 所示。

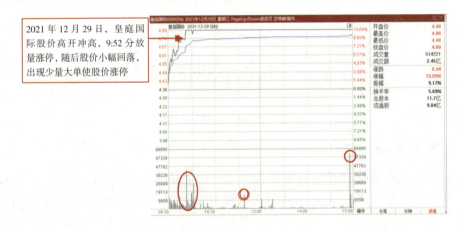

图 10-13　皇庭国际分时图

投资者可以从日 K 线图中找到主力的推高动作信号，但仅从日 K 线图中来进行分析是不够的，也是不及时的，投资者还必须将其细化到当天的分时图中，通过对当天分时图的分析，就能进一步并且在第一时间抓住主力推高股价时的种种迹象，从而在第一时间抢占先机，把握市场主动权。

10.5 分析 4：主力出货盘面

主力将股价推高到预期高位时就会抛售手中的筹码，在主力出货的过程中，盘面中也会显现出种种迹象，投资者要尤为注意。因此，洞察主力出货的盘面表现，可以避免投资者被高位套牢。

10.5.1 放量出货

放量出货是主力会参与的一种出货方式，采用这种出货方式的股票一般为强主力股，同时股票本身通常有较好的后续题材的配合。

如图10-14所示，为TCL科技（000100）的放量出货盘面分析。该股经过前期的上涨，股价从不到6元升至9元附近，随后该股主力便利用利好消息展开了放量出货的行情。

自2021年3月3日起，主力即开始了放量出货，在往后的一个月内换手率基本都超过了3%，最高达到了7.58%

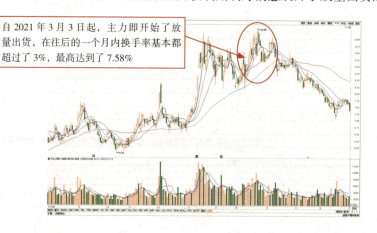

图10-14　TCL科技日K线

专家提醒

放量出货的特点是股价前期都有过不小的涨幅，在接近阶段性顶部时股价快速上涨，同时量能较前期上涨时有明显放大或经过前期大幅上涨后股价作平台整理，但平台整理时量能并没有缩小，然后再度上涨，但量能较前期上涨时有明显放大但股价却没有相应的涨幅。当股市出现这种情况时，投资者一定要提高警惕，严密跟踪，因为此时主力随时都可能出货。

10.5.2 震荡出货

震荡出货的方式包括高位平台（小区域）震荡出货、高位横盘（中级区域，两个交易周以上）震荡出货、"低位"（利用除权）震荡出货几种。这种出货方式的共同特点都是放量滞涨，其盘整的时间长短由主力所持筹码的数量而定，一旦在高位出现这种情况，主力出货的概率极大，投资者最好紧跟离场。

下面介绍震荡出货的相关实战案例。

步骤① 如图 10-15 所示，为美的集团（000333）2020 年 3 月至 2021 年 2 月的日 K 线走势图，其股价前期经历了一波大幅上涨行情。

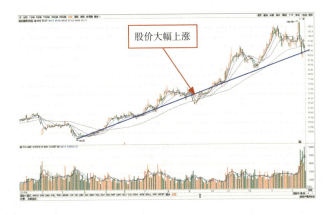

图 10-15　美的集团日 K 线（1）

步骤② 在 2021 年 1 月该股股价回落，进入高位震荡阶段，成交量变化并不明显。2021 年 2 月 22 日，股价缩量跌破 60 日均线，同时各均线拐头向下，表示主力出货接近尾声，投资者应果断离场，后市股价大幅下跌，如图 10-16 所示。

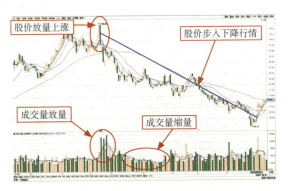

图 10-16　美的集团日 K 线（2）

在高位区域震荡出货的方式，对主力来说主要有以下两大优势。

（1）优势一：可以将股价卖个好价码。

（2）优势二：主力手中筹码较多，通过反复震荡的方法可以脱手较多的筹码。

在主力股中，震荡出货方式与其他几种出货方式相比，是主力运用得较多的一种出货方式，值得投资者认真研究。

专家提醒

投资者需要注意的是，同一个主力在出货时使用的手法并不是固定不变的，有时会交替使用几种手法，具体使用哪一种手法要根据大盘和个股本身的情况，以及主力自己的需要来定。

上面所列举的几种出货方式，并不能完整地描述主力出货的所有细节，而且主力出货的手法也在不断更新，投资者切不能以"窥一斑而知全豹"的眼光去看待主力出货的问题。

第 11 章
乘胜追击 股指期货和创业板

学前提示

　　股指期货提供了多空双向交易机制，可以给市场提供对冲平衡力量，改变单边市带来的暴涨暴跌，有利于形成股票市场的内在稳定机制，培育成熟的机构投资者队伍；而创业板市场最大的特点就是低门槛进入、严要求运作，有助于有潜力的中小企业获得融资机会。

要点展示

　　≫　股指期货
　　≫　创业板

11.1 股指期货

股指期货（Stock Index Futures）的全称是股价指数期货，是一种以股价指数作为标的物的金融期货合约，双方约定在未来的某个特定日期，可以按照事先确定的股价指数的大小，进行标的指数的买卖。

11.1.1 股指期货的特点

股指期货与普通的商品期货除了在到期交割时有所不同外，基本上没有什么本质的区别。股指期货与其他金融期货、商品期货的共同特征，如图 11-1 所示。

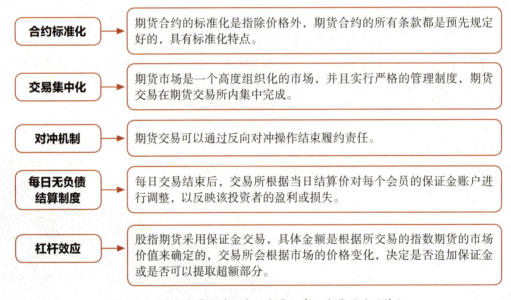

合约标准化	期货合约的标准化是指除价格外，期货合约的所有条款都是预先规定好的，具有标准化特点。
交易集中化	期货市场是一个高度组织化的市场，并且实行严格的管理制度，期货交易在期货交易所内集中完成。
对冲机制	期货交易可以通过反向对冲操作结束履约责任。
每日无负债结算制度	每日交易结束后，交易所根据当日结算价对每个会员的保证金账户进行调整，以反映该投资者的盈利或损失。
杠杆效应	股指期货采用保证金交易，具体金额是根据所交易的指数期货的市场价值来确定的，交易所会根据市场的价格变化，决定是否追加保证金或是否可以提取超额部分。

图 11-1　股指期货与其他金融期货、商品期货的共同特征

专家提醒

股指期货自身的独特特征如下。

· 股指期货的标的物为特定的股票指数，报价单位以指数点计算。

· 合约的价值以一定的货币乘数与股票指数报价的乘积来表示。

· 股指期货采用现金交割方式，不通过交割股票而是通过结算差价并用现金来结清头寸。

11.1.2 股指期货的功能

20 世纪 70 年代以后，西方国家股票市场波动日益加剧，投资者规避股市系统风险的要求也变得越来越迫切。

股票市场的风险可分为非系统性风险和系统性风险两个部分。非系统性风险通常可以采取分散投资的方式来减低，而系统性风险则难以通过这种方法加以规避。人们开始尝试着将股票指数改造成一种可交易的期货合约，并利用它对所有股票进行套期保值，以规避系统风险，于是股指期货应运而生，其功能如图 11-2 所示。

价格发现 → 由于期货交易的保证金低且手续费便宜，因此流动性极好，各类信息会很快在期货市场上反映出来，并快速地传递到现货市场，从而使现货市场价格达到均衡。

风险转移 → 股指期货最主要的功能是通过套期保值操作来规避股票市场的系统性风险。利用股指期货进行套期保值的原理，是根据股票指数和股价变动的同方向趋势，在股票市场和股票指数的期货市场上做相反的操作，以此抵消股价变动的风险。

合理配置投资资产 → 投资者购买股指期货只需付出少量资金，即可跟踪大盘指数或相应的科技股指数，达到分享市场利润的目的；而且股指期货的期限短（一般为 3 个月）、流动性强，投资者可以迅速改变其资产结构，进行合理的资源配置。

套利交易 → 当股指期货的市场价格与其合理定价偏离很大时，就会出现股指期货套利活动：投资者可在买入或卖出某种期货合约的同时，卖出或买入相关的另一种合约，并在某个时间同时将两种合约平仓。

管理证券投资风险 → 投资者拥有了直接的风险管理手段，通过股指期货可以把投资组合风险控制在浮动范围内。股指期货保证了投资者可以把握入市时机，从而准确实施投资策略。

图 11-2　股指期货的主要功能

例如，担心股票市场会下跌的投资者可通过卖出股指期货合约对冲股票市场整体下跌的系统性风险，有利于减轻集体性抛售对股票市场造成的影响。同时，股指期货的推出还有助于国企在证券市场上直接融资，甚至还可以减缓基金套现对股票市场造成的冲击。

11.1.3 股指期货与股票的区别

股指期货和股票都是在交易所交易的产品。在我国境内市场，股指期货在中国金融期货交易所交易，股票在上海证券交易所和深圳证券交易所上市交易。两者是不同的金融工具，存在很大的区别，如表 11-1 所示。

表 11-1 股指期货与股票的区别

区别	股票	股指期货	备注
期限	股票是没有期限的，只要上市公司不退市，投资者买入股票后就可以一直持有	股指期货合约有到期日，合约到期后将会交割下市，同时上市交易新的合约，所以不能无期限地持有某一合约	交易股指期货要注意合约到期日，临近到期时，投资者必须决定是提前平仓了结，还是等待合约到期时再进行现金交割
交易方式	股票交易需要支付股票价值的全部金额	股指期货采用保证金交易，即在进行股指期货交易时，投资者不需支付合约价值的全额资金，只需支付一定比例的资金作为履约保证即可	目前，我国由于股指期货保证金交易提供了交易杠杆，其损失和收益的金额将可能会很大，这点和股票交易也不同
交易方向	目前，我国股票交易还没有卖空机制，股票只能先买后卖，因此股票交易是单向交易	股指期货交易既可以做多，也可以卖空；既可以先买后卖，也可以先卖后买。因此，股指期货交易是双向交易	目前，部分股票已经开通融资融券交易业务
结算方式	股票交易采取全额交易，并不需要投资者追加资金，在股票卖出以前，不管是否盈利都不进行结算	股指期货交易采用当日无负债结算，当日交易结束后要对持仓头寸进行结算	如果股指期货的账户保证金余额不足，必须在规定的时间内补足，否则可能会被强行平仓

专家提醒

此外，股票指数期货还有很重要的优势，如提供较方便的卖空交易、交易成本较低、拥有较高的杠杆比例、市场的流动性较高等。不同品种的期货交易杠杆比例也不同，如商品期货的杠杆比例一般为 6 倍 ~ 20 倍。

11.1.4 股指期货与商品期货的区别

股指期货交易是期货交易的一种，它与商品期货在运作机制和风险管理上是有共性的，如同样采用保证金制度、具有杠杆放大效应、每日无负债结算等。股指期货与商品期货貌似相同，但也有很多的不同之处，如表 11-2 所示。

表 11-2　股指期货与商品期货的区别

区别	股指期货	商品期货
标的指数	股指期货的标的物为特定的股价指数，不是真实的标的资产	商品期货交易的对象是具有实物形态的商品
交割方式	股指期货采用现金交割，在交割日通过结算差价用现金来结清头寸	商品期货采用实物交割，在交割日通过实物所有权的转让进行清算
参与交割	股指期货以现金进行交割，不存在合约到期挤市的现象	商品期货不允许个人投资者持有合约进入交割期
合约到期日标准	股指期货合约到期日都是标准化的，一般到期日在 3 月、6 月、9 月和 12 月	商品期货合约的到期日根据商品特性的不同而不同
持有成本	股指期货的持有成本主要是融资成本，不存在实物贮存费用，有时所持有的股票还有股利，如果股利超过融资成本，还会产生持有收益	商品期货的持有成本包括储存成本、运输成本和融资成本，股指期货的持有成本低于商品期货
趋势判断	股指期货需要对国内和国际金融领域有一个宏观的判断	商品期货只需对交易的商品品种进行研读
操作性能	股指期货对外部因素的反应比商品期货更敏感，价格的波动更为频繁和剧烈，因而股指期货比商品期货具有更强的操作性	

专家提醒

股指期货的推出将使股票二级市场的交易格局发生极大的变化，将加剧市场机构博弈的特征。随着国家对私募基金的逐步认可和政策的放开，私募基金账户理财方案也必将成为股指期货市场的主流。

11.1.5 股指期货的交易流程

投资者在进行股指期货交易前，必须要对交易的每个环节有个清楚的了解和认识，以避免因规则不熟而带来的风险。股指期货的整个交易流程可分为开户、交易、结算和交割 4 个步骤，如图 11-3 所示。

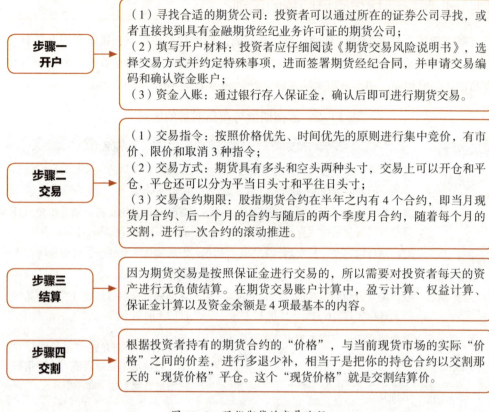

图 11-3　股指期货的交易流程

专家提醒

一般而言，直接买卖股指期货进行短期交易者，主要是一些风险承受能力强、追求高风险高收益的个人投资者及部分私募基金，他们也是市场上的活跃分子，而利用套保和套利交易的则多为机构投资者。

11.1.6　股指期货的投资要点

股指期货作为一种新型的投资工具，受到了很多投资者的关注。如图 11-4 所示，列举了股指期货独特的投资要点。

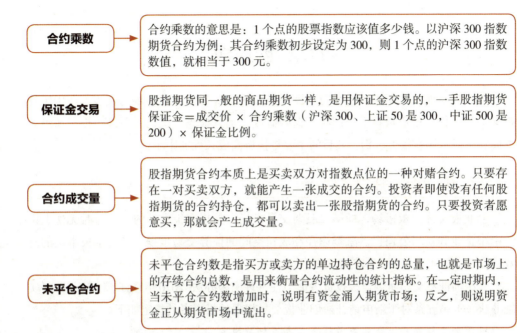

图 11-4　股指期货的投资要点

通常情况下，投资者从事期货交易动用的资金不宜超过总资金的三分之一，在把握较大时最好也不要超过总资金的一半。按此计算，即使只进行一手股指期货的交易，所需要的资金量最低也要超过 10 万元。

在计算股指期货交易所需要的资金量时，除了要考虑期货公司所要求的最低保证金之外，还要留出一块暂时不用的资金，以满足可能出现的追加保证金的要求。因此，考虑到股指期货的风险特征和投资者的承受能力等方面的因素，建议可动用资金不足 50 万的个人投资者最好不要参与股指期货的交易。

专家提醒

通常，股票行情判断方法可以分为技术分析和基本面分析。其中，股票技术分析对未来的股指期货仍然是适用的，但是基本面分析就有所局限。股指期货的基本面分析当中，还要考虑国际市场等因素。总的来说，投资者从股票进入到股指期货市场，需要转变的不只是投资理念，还有思维方式。

11.2 创业板

创业板是地位次于主板市场的二板证券市场，以 NASDAQ 市场为代表，在中国特指深圳创业板。创业板在上市门槛、监管制度、信息披露、交易者条件、投资风险等方面和主板市场有较大区别，其目的主要是扶持高成长性的中小企业。

11.2.1 创业板的开户条件

创业板又称二板市场，即第二股票交易市场，是指主板之外的专为暂时无法上市的中小企业和新兴公司提供融资途径和成长空间的证券交易市场，是对主板市场的有效补充，在资本市场中占据着重要的位置。

《深圳证券交易所创业板投资者适当性管理实施办法（2020年修订）》（以下简称《实施办法》）第五条对于新申请开通创业板交易权限的投资者的规定如下。

投资者参与创业板交易应当符合本办法相关规定。

个人投资者还应当符合下列条件：

（一）申请权限开通前20个交易日证券账户及资金账户内的资产日均不低于人民币 10 万元（不包括该投资者通过融资融券融入的资金和证券）；

（二）参与证券交易 24 个月以上。

本所可以根据市场情况对前款所述条件作出调整。

专家提醒

对于在《实施办法》实施前已经开通创业板交易权限的投资者（以下简称存量投资者）来说不受影响，可以继续参与创业板交易。

但对于这些存量投资者，由中国证监会发布的《证券期货投资者适当性管理办法》规定，普通投资者在首次参与注册制下创业板股票申购、交易前，应当以纸面或电子方式签署新的《创业板投资风险揭示书》，确保其知晓相关风险。

创业板的具体办理方法为：投资者向所属证券公司营业部提出开通申请后，认真阅读并现场签署《创业板市场投资风险揭示书》，上述文件签署两个交易日后，经证券公司完成相关核查程序，即可开通创业板市场交易。当然，投资者也可以在此期间撤回开通申请。

投资者可以通过以下方法查询自己是否具备两年的交易经验。

步骤 1 进入中国结算官方网站，单击首页导航栏中的"网上业务平台"超链接，如图11-5所示。

步骤 2 执行操作后，进入"网上业务平台"页面，单击"投资者服务专区"选项区中的"更多"超链接，如图11-6所示。

图11-5　单击"网上业务平台"超链接　　　　图11-6　单击"更多"超链接

步骤 3 执行操作后，进入"投资者服务专区"页面，单击"证券查询服务"按钮，如图11-7所示。

步骤 4 执行操作后，进入"投资者服务专区"页面，如图11-8所示，输入账号和密码进行登录即可查询投资者首次交易日期。

图11-7　单击"证券查询服务"按钮　　　　图11-8　"投资者服务专区"页面

　　中国结算网站的证券查询服务包括：一码通下账户信息、证券持有余额、证券持有变更、证券冻结情况、新股配号中签情况、股息红利个人所得税信息、放弃认购数据、创业板风险揭示书签署日期、投资者首次交易日期查询等服务，以及短信服务。投资者仅需使用证券账户和证件号码即可办理《创业板投资风险揭示书》签署日期查询和投资者首次交易日期查询。

专家提醒

　　需要注意的是，该查询系统仅供自然人投资者使用，查询结果不作为投资者证券账户信息的法律依据。

11.2.2 申请创业板的流程

创业板是为了适应创业与创新的需要而设立的新市场。与主板市场只接纳成熟的、已形成足够规模的企业上市不同，创业板以成长型创业企业为服务对象，重点支持具有自主创新能力的企业上市，具有上市门槛较低、信息披露监管严格等特点，它的风险要高于主板。申请创业板的流程如图11-9所示。

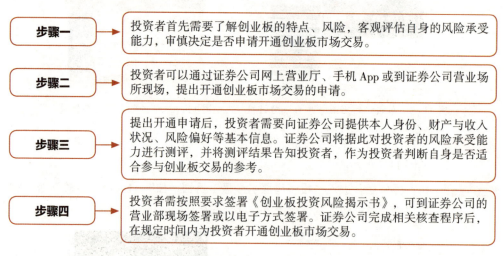

步骤一 投资者首先需要了解创业板的特点、风险，客观评估自身的风险承受能力，审慎决定是否申请开通创业板市场交易。

步骤二 投资者可以通过证券公司网上营业厅、手机App或到证券公司营业场所现场，提出开通创业板市场交易的申请。

步骤三 提出开通申请后，投资者需要向证券公司提供本人身份、财产与收入状况、风险偏好等基本信息。证券公司将据此对投资者的风险承受能力进行测评，并将测评结果告知投资者，作为投资者判断自身是否适合参与创业板交易的参考。

步骤四 投资者需按照要求签署《创业板投资风险揭示书》，可到证券公司的营业部现场签署或以电子方式签署。证券公司完成相关核查程序后，在规定时间内为投资者开通创业板市场交易。

图 11-9 申请创业板的流程

专家提醒

如果风险测评结果显示投资者的风险承受能力较弱，不适合参与创业板交易，则投资者应当审慎考虑是否直接参与创业板交易，或者通过购买创业板投资基金、理财产品等方式间接参与创业板。

11.2.3 创业板的申购及注意事项

投资者在证券公司办理开通创业板交易手续后，可通过中国证券登记结算公司（简称中国结算）网站自行查询，也可通过所属证券公司的手机App或网上营业厅查询是否开通成功。

投资者在身处国外的特殊情况下，证券公司可视需要接受持公证委托书的代理人代为申请办理。一般来说，投资者首先需要在当地公证处进行公证，然后至当地大使馆再进行二次公证。

购买创业板的新股，一般是申购日T＋2，而且投资者自己的账户要持有深圳市场股票，基本的比率是市值5000元分配一个申购额度，一个申购额度可申购深圳新股500股。也就是说，投资者必须有股票，才可以申购新股。

新股申购验资结束后当天（T＋1日），中国结算深圳分公司根据实际到账的新股申购资金确认有效申购总量，并按每申购单位配一个号，对所有有效申购按时间先后顺序连续配号，直到最后一笔有效申购。T＋2日披露新股发行申购情况及中签率公告。

投资者可通过以下几个途径查询创业板新股申购配号及中签情况。

· 通过所属证券公司的电脑交易终端查询。

· 通过所属证券公司的手机 App 查询。

· 在指定报刊和网站披露的中签结果公告中查询。

· 到所在证券营业部查询。

· 通过深交所自动语音电话查询。

· 拨打中国结算深圳分公司服务热线查询。

> **专家提醒**
>
> "新股申购"是指投资者在新股发行期间申请购买的行为，而"新股认购"是指投资者在新股申购中签后缴款购买新股的行为。

11.2.4 创业板的交易规则

创业板股票的交易代码为 30××××，其交易规则基本与主板一致，除了上市首日交易风险控制制度以外，创业板首次公开发行股票上市首日，实施盘中股价异常波动临时停牌制度。

例如，当创业板股票上市首日盘中成交价格较当日开盘价首次上涨或下跌达到或超过 20% 时，深圳证券交易所可对其实施临时停牌 30 分钟。

创业板股票的交易以竞价交易方式进行，符合规定的，也可进行大宗交易。除特别规定外，需参照执行《深圳证券交易所交易规则》关于主板 A 股股票的相关规定，如图 11-10 所示。

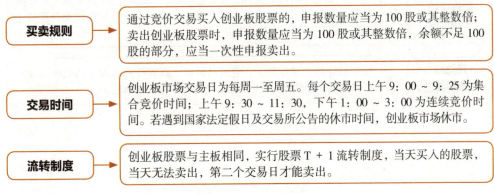

买卖规则	通过竞价交易买入创业板股票的，申报数量应当为 100 股或其整数倍；卖出创业板股票时，申报数量应当为 100 股或其整数倍，余额不足 100 股的部分，应当一次性申报卖出。
交易时间	创业板市场交易日为每周一至周五。每个交易日上午 9：00 ～ 9：25 为集合竞价时间；上午 9：30 ～ 11：30，下午 1：00 ～ 3：00 为连续竞价时间。若遇到国家法定假日及交易所公告的休市时间，创业板市场休市。
流转制度	创业板股票与主板相同，实行股票 T＋1 流转制度，当天买入的股票，当天无法卖出，第二个交易日才能卖出。

图 11-10　创业板的交易规则

证券的报价单位为"每股（份）价格"，最小变动单位为0.01元。创业板股票实行价格涨跌幅限制，涨跌幅限制与主板相同，涨跌幅比例为10%。参照主板，由证券公司交易员在深交所综合协议交易平台的交易终端上完成协议交易的委托申报，委托申报时间为9：15～15：30；综合协议交易平台在15：00～15：30进行成交确认。

11.2.5 创业板投资技巧

"要投资，先学知"，"投资知多点，理财更轻松"，这些是广大投资者应牢记的投资法宝。入市前，投资者应学习相关证券知识。创业板在全世界任何国家都是一个高风险的市场，作为新入市的投资者，比的不是胆量，而是眼光和投资技巧，如图11-11所示。

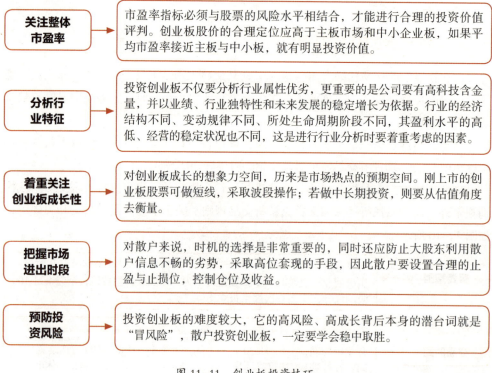

关注整体市盈率 → 市盈率指标必须与股票的风险水平相结合，才能进行合理的投资价值评判。创业板股价的合理定位应高于主板市场和中小企业板，如果平均市盈率接近主板与中小板，就有明显投资价值。

分析行业特征 → 投资创业板不仅要分析行业属性优劣，更重要的是公司要有高科技含量，并以业绩、行业独特性和未来发展的稳定增长为依据。行业的经济结构不同、变动规律不同、所处生命周期阶段不同，其盈利水平的高低、经营的稳定状况也不同，这是进行行业分析时要着重考虑的因素。

着重关注创业板成长性 → 对创业板成长的想象力空间，历来是市场热点的预期空间。刚上市的创业板股票可做短线，采取波段操作；若做中长期投资，则要从估值角度去衡量。

把握市场进出时段 → 对散户来说，时机的选择是非常重要的，同时还应防止大股东利用散户信息不畅的劣势，采取高位套现的手段，因此散户要设置合理的止盈与止损位，控制仓位及收益。

预防投资风险 → 投资创业板的难度较大，它的高风险、高成长背后本身的潜台词就是"冒风险"，散户投资创业板，一定要学会稳中取胜。

图 11-11　创业板投资技巧

CHAPTER

第12章
风险防范 小心驶得万年船

学前提示

　　俗话说:"股市有风险,入市需谨慎。"人人都知道股市是一个高风险的地方,但是近年来我国的股市还是进入了一个飞速发展的时期。了解风险与陷阱,并掌握如何对其进行防范,对投资者有很大的帮助。

要点展示

　　≫　股市有风险,入市须慎重
　　≫　如何防范股市中的风险
　　≫　防范股市中的各种陷阱

12.1 股市有风险，入市须慎重

股市风险通常指投资者进入股票市场后，在买卖股票的操作中所面临的不能盈利甚至无法收回成本的危险，主要体现在投资者以一定价格买入某只股票后，股票价格大跌，结果不能以高于买入时的价格将股票卖出，甚至发生套牢现象。那么，什么是股市风险？股市风险有哪些类型呢？

12.1.1 什么是股市风险

风险，是指遭受损失或损害的可能性。从风险的定义来看，股票投资风险主要有两种：一种是投资者的收益和本金的可能性损失；另一种是投资者的收益和本金购买力的可能性损失。

股票投资风险具有明显的两重性，即它的存在是客观的、绝对的，又是主观的、相对的；它既是不可完全避免的，又是可以控制的。投资者对股票风险的控制就是针对风险的两重性，运用一系列投资策略和技术手段把承受风险的成本降到最低限度。

12.1.2 股市风险的种类

俗话说"成也股票，败也股票"，直接反映了股票高风险和高收益的特色。为了尽最大可能规避风险并获得利润，投资者需要了解各种常见的股市风险，如图 12-1 所示。

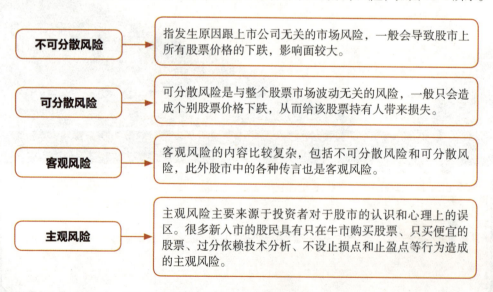

不可分散风险	指发生原因跟上市公司无关的市场风险，一般会导致股市上所有股票价格的下跌，影响面较大。
可分散风险	可分散风险是与整个股票市场波动无关的风险，一般只会造成个别股票价格下跌，从而给该股票持有人带来损失。
客观风险	客观风险的内容比较复杂，包括不可分散风险和可分散风险，此外股市中的各种传言也是客观风险。
主观风险	主观风险主要来源于投资者对于股市的认识和心理上的误区。很多新入市的股民具有只在牛市购买股票、只买便宜的股票、过分依赖技术分析、不设止损点和止盈点等行为造成的主观风险。

图 12-1　股市风险的种类

人们常说：在股市上，凡夫的直觉有时会胜过行家的理论。"亚当理论"的创立者威尔德（J.W.Wilder）在热衷地研究了多年技术分析之后，最终把自己的研究成果全盘否定，就是因为他认为在股市中趋势是不可能被预测的，所有的分析工具都有不可避免的缺陷，任何分析工具都不可能绝对准确地预测股市的走向。

技术分析里面所有的数据、图表只代表过去，是对过去信息的反映，对于未来的预测只是有一定概率的可能，而相对于变幻莫测的股市，没有什么是不可能发生的。对于技术分析，投资者要辩证地看待，将技术分析结果与实际走势相结合，顺势而为，尽可能地避免风险。

12.2 如何防范股市中的风险

在股市中，风险与陷阱的存在是无法改变的，但是投资者可以应用相关经验和知识，尽可能地避免风险与防范陷阱。

12.2.1 掌握专业证券知识

新入市的投资者在进行股票交易之前，要规避风险，并从投资中得到收益，必须做到下面两点。

（1）详细地了解和熟悉相关的股票知识，才能了解风险与陷阱所在。

（2）根据一定的专业知识进行分析，尽可能地避免这些风险和陷阱。

12.2.2 避免股市操作误区

尽管许多普通投资者在入市后谨慎再谨慎，却还是有不少资产随着指数起落而如流水般失去。这主要是因为很多投资者在实战操作中都存在着或大或小的误区，下面来看看投资者在股市中有哪些常见误区。

（1）没有止损概念。止损和止盈的设置是非常重要的，很多投资者总是幻想在最低点买进，在最高点卖出，没有认识到"股场如战场"，当破位时一定要止损。

（2）只买便宜的股票。股价的低价格只是相较前期而言，如果上档套牢盘过重，股票上升动能不足以冲过阻力区，股价也很难上涨，盲目地只根据价格便宜而购买这类股票，会给投资者带来很大的损失。

（3）喜欢预测大盘。很多投资者喜欢通过技术分析"预测"股票价格。其实，对于技术分析，投资者要辩证地看待，将技术分析结果与实际走势相结合，顺势而为，才能尽可能地避免风险。

（4）被套时，等解套后再卖。从技术上讲，等待深套的股票解套是不可取的，投资者不能被动地等待结果，积极采取措施才是正道。

（5）跟踪购买热门股票。通常在热门股票上涨前后15分钟的短时间按需要购买，当普通的投资者发现热门股票时，往往已经错过最佳的购入时机。

12.2.3 分析环境，把握时机

俗话说"选股不如选时"，选择好的投资时机，可以降低所选股票出现下跌的可能性，可以有效地规避系统风险。要把握大体的投资时机，投资者可以注意以下两个细节。

（1）政治变动。政治因素很容易影响社会的稳定，如果政权更迭给社会带来动荡，则股价会下跌。

（2）物价上涨。一般情况下，物价上涨后，与其相对应类型的股价也会随之上涨；物价下跌，与其相对应的股价则会随之下跌。

投资者要适当地关心政治事件、通货膨胀、物价变动等大环境，培养对国家大事和国际时事的热情，了解国家政策实施和经济发展的现状及趋势，对宏观政治经济变动给经济形势可能带来的影响有敏锐的判断。

12.2.4 选择合适的投资方式

股市毕竟是一个高风险的地方，即使采取再多的技巧、学习再多的理论，也不可避免地会遭遇风险。选择合适的投资方式，能够有效地避免股市中的各种风险。

（1）采用多样化的投资方式。对不同的股票根据其特点使用不同的投资方式，通过多样化的投资方式可以达到分散风险的目的。投资者不能只采取单一的投资方式，还要将长线、中线和短线等多种投资方式相结合。

（2）分散投资，并留够备用资金。分散投资的目的是分散风险、减少风险、回避风险，其方法是将不同证券组成投资组合。当然，风险也不是越分散越好，而应适可而止。对本金不多的散户应相对集中，这样成本相对低，容易形成规模效益。

12.2.5 制定合理的投资方案

实际上，有很多投资者在买入股票时，通常是乱买一通，在自己的账户里买了多种不同的股票，但结果往往是购买了一大把亏损的股票。

鉴于每个投资者的年龄、职业、收入以及经济状况等因素不同，因此都应该要有自己独特的投资方案。

（1）根据自己的投资能力选择合适的投资策略。

（2）根据自身的财力决定投资规模。

（3）根据可使用时间和资金确定投资周期。

（4）根据自己对风险的承受力决定投资方向、选择投资对象。

（5）根据投资者的精力制定投资方案。

12.2.6 警惕不良的咨询机构

很多投资者都在股市中赔钱，而那些不良的咨询机构却将大把大把的钞票轻松收入囊中，其中玄机，外人难窥其径。

这些不良咨询机构遵循着"不炒股票炒股民"的运营方式，他们信奉：如果大家都相信河对面的山上有黄金，你不应该也去淘金，而应该在河上经营船渡。因此，这也再一次提醒了投资者，炒股还是要相信自己，不能轻易相信任何小道消息！

12.2.7 电脑与手机炒股要注意安全

随着网络的发展和电脑、智能手机的普及，通过电脑、手机炒股的人越来越多，并逐渐成为一种趋势。电脑、手机炒股的优点很多，操作也很简单，不受地域限制，但是在电脑、手机上进行交易时，也需要注意其安全性。

（1）保护交易密码。经常更改密码，确保密码不被他人知晓。另外，在利用电脑、手机进行交易时，不要轻易下载来路不明的软件，以免给黑客提供可乘之机。

（2）操作过程须谨慎。当使用电脑、手机交易出现故障时，可以通过电话询问行情或者下达交易指令，避免操作不及时引起的不必要损失。

（3）全面退出交易系统。在完成交易后，要正确地退出账户，并关闭交易系统，不能给图谋不轨者留有机会。

12.3 防范股市中的各种陷阱

陷阱与风险的不同之处在于陷阱是运用不正当的手段人为地制造的，目的是故意引诱投资者进入，从中牟取利益。本节主要介绍股市中常见的陷阱。

12.3.1 虚假交易

虚假交易，是操纵市场的行为之一，具体有以下4种。

（1）假装买卖：包括空报价格，不进行实际成交，自己既为买方又为卖方；或事先约定由甲卖给乙，事后乙再以原价返还，但不转移证券所有权。

（2）通谋买卖：即甲、乙双方以约定的价格一买一卖，反复操作抬高股价，再真实地以高价卖出获利。

（3）假装买卖和通谋买卖的委托或受托：利用委托方和受托方进行假装买卖和通谋买卖，来控制股价。

（4）虚假造势：对某种有价证券连续反复买进或卖出，以显示该种股票交易的活跃度，造成疯涨的声势，吸引他人上当。

12.3.2 股评陷阱

股评陷阱指有一部分股评人士利欲熏心，为了达到某种目的错误地引导投资者。因此，投资者在看股评内容时也要小心谨慎，不能完全相信，并时刻注意自己才是做决断的人，股评人士只是提供了参考意见，不会为投资者的损失承担责任。

股评是股票行业中较为资深的人士对股票进行的一种分析活动，其遍布网络、电视、杂志、报纸以及各类财经媒体，如图 12-2 所示。

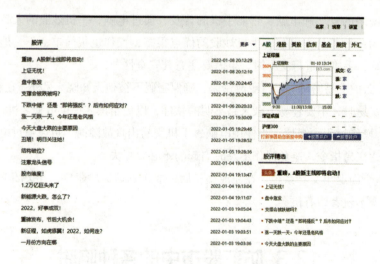

图 12-2　网络上充斥着各类股评文章

由于投资者并非都对股票有研究，而股票的知识和需要分析的数据很多，所以由专业人士做的股评是很多投资者买卖股票的指引。对此，投资者应注意以下几点。

（1）由于股评专家在股民中有一定的影响力，所以很多不良机构会想方设法地与一些所谓的专家合作，通过其股评设置骗局，引诱投资者按照其想法进行操作，最后达到非法盈利的目的。这类股评消息的危害是极大的，投资者对于股评消息，一定要谨慎，坚持独立思考。

（2）影响股市行情的因素复杂多变，股市本身的风险不可预测，任何股评专家对于股市的预测可能只是建立在某种理论分析上，并不能准确地预测股市走向，也不可避免会出现错误判断，而错误的判断被股民采用后，将造成严重的损失。

> **专家提醒**
>
> 　　投资者应审慎客观地对待书籍中的观念、股评，不盲从、不迷信名家名言、不人云亦云，学会使用逆向思维，因为大多数人总是错的，掌握真理的永远只是少数人。

12.3.3 空头陷阱

空头陷阱指股价在低位区域突然出现向下突破的假象，比如突破长期均线等形式的支撑，并伴随着各种利空消息。由于担心市场再次大跌，许多投资者在恐慌中卖出手中的股票，但接下来市场没有下跌反而上涨，一波牛市行情又重新开始了。

随着股价上涨，成交量也不断放大，股指突破重要的阻力线，这时可以将前面出现的向下突破的走势看作是一种空头陷阱。而在低点清仓或者不敢补仓的投资者，就成了空头陷阱的受骗者。判别空头陷阱可以从以下几个方面考虑，如图 12-3 所示。

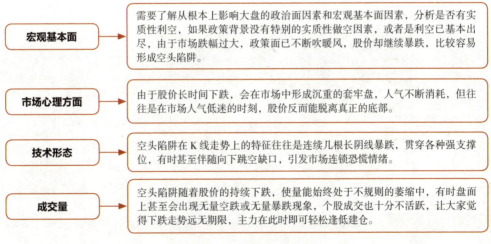

宏观基本面	需要了解从根本上影响大盘的政治面因素和宏观基本面因素，分析是否有实质性利空，如果政策背景没有特别的实质性做空因素，或者是利空已基本出尽，由于市场跌幅过大，政策面已不断吹暖风，股价却继续暴跌，比较容易形成空头陷阱。
市场心理方面	由于股价长时间下跌，会在市场中形成沉重的套牢盘，人气不断消耗，但往往是在市场人气低迷的时刻，股价反而能脱离真正的底部。
技术形态	空头陷阱在 K 线走势上的特征往往是连续几根长阴线暴跌，贯穿各种强支撑位，有时甚至伴随向下跳空缺口，引发市场连锁恐慌情绪。
成交量	空头陷阱随着股价的持续下跌，使量能始终处于不规则的萎缩中，有时盘面上甚至会出现无量空跌或无量暴跌现象，个股成交也十分不活跃，让大家觉得下跌走势远无期限，主力在此时即可轻松逢低建仓。

图 12-3　识别空头陷阱的方法